高速公路交通工程建设和养护管理研究

李双祥 著

延边大学出版社

图书在版编目（CIP）数据

高速公路交通工程建设和养护管理研究 / 李双祥著. -- 延吉：延边大学出版社，2022.9
ISBN 978-7-230-03844-7

Ⅰ．①高… Ⅱ．①李… Ⅲ．①高速公路－道路建设－研究②高速公路－公路养护－研究 Ⅳ．①U412.36 ②U418

中国版本图书馆 CIP 数据核字(2022)第 178628 号

高速公路交通工程建设和养护管理研究

著　　者：李双祥
责任编辑：孟祥鹏
封面设计：正合文化
出版发行：延边大学出版社
社　　址：吉林省延吉市公园路 977 号　　　邮　　编：133002
网　　址：http://www.ydcbs.com　　　E-mail：ydcbs@ydcbs.com
电　　话：0433-2732435　　　传　　真：0433-2732434
印　　刷：北京宝莲鸿图科技有限公司
开　　本：787×1092　1/16
印　　张：11
字　　数：200 千字
版　　次：2022 年 9 月第 1 版
印　　次：2022 年 9 月第 1 次印刷
书　　号：ISBN 978-7-230-03844-7

定价：68.00 元

前　言

高速公路是一种现代化的公路交通设施，是专供汽车行驶的专用公路，为汽车的快速、安全、舒适、连续行驶提供了基本条件。高速公路的建设不仅能够极大地改善公路交通运输状况，而且能够产生巨大的经济效益和社会效益。高速公路建设管理是以高速公路工程项目为对象，对其建设过程中的所有建设活动进行决策、计划、组织、协调和控制的过程。然而由于高速公路发展历史较短且建设发展速度快，目前我国对高速公路知识的普及和理论的研究总体上滞后于高速公路建设与发展实践的步伐。

高速公路路面的养护是一项长期性的工程，在这项工程中必须贯彻"预防为主"的方针政策，对于路面养护过程中出现的问题要及时解决，而在正常运行的过程中则需要相关部门加强检查，一旦发现问题就要及时解决。一般来说，高速公路路面的养护包括预防性的养护和修复性的养护，这两种养护方式针对不同的路面情况，但其核心的目的都是提前发现路面的病害并及时处理，进而打造良好的路面环境，提高路面的运行质量。

对于公路工程业务的有效开展来说，交通工程本身的主要材料、设备质量管理体系和主要施工过程的质量管理系统显得非常重要，如果这些施工全过程质量与管理保障水平提升到位，那么就可以进一步保障路桥工程整体的生产施工安全，同时更好地保障路桥施工作业质量。所以在施工建设过程管理中也需要注意必须从技术管理人员水平、材料设备质量控制入手，充分把控高速公路施工过程中面临的种种问题，落实每一个施工环节中相关的质量规定以及质量政策，提高交通工程整体施工质量，这样才能最终确保整体工程质量。

本书从高速公路的三大系统（交通监控系统、收费系统、通信系统）和技术标准入手，全面、系统地论述了高速公路路面工程、路基工程、桥涵工程以及附属工程施工技术，并从高速公路路基养护与管理、高速公路沿线设施维运养护两个方面对高速公路的养护管理进行了研究。本书既可供从事高速公路的科研、设计、施工、养护和管理人员学习、借鉴，也可供高等院校的师生学习参考，以促进我国高速公路健康发展，不断提高建设和管理水平。

由于编写时间有限，书稿中难免存在疏漏和不足之处，欢迎各位同人和广大读者批评指正。

李双祥

2022 年 6 月

目 录

第一章 高速公路概述 1

    第一节 高速公路的三大系统 1

    第二节 高速公路的技术标准 5

第二章 高速公路路面工程 11

    第一节 高速公路路面结构层及其性能影响因素 11

    第二节 高速公路水泥混凝土路面性能要求及新技术 14

    第三节 高速公路沥青混凝土路面施工的技术分析及质量控制 ... 20

第三章 高速公路路基工程 26

    第一节 高速公路路堤施工 26

    第二节 高速公路路堑施工 33

    第三节 高速公路特殊路基处理 41

    第四节 高速公路路基压实 48

    第五节 高速公路路基排水施工 57

    第六节 高速公路路基防护与加固 60

    第七节 高速公路冬、雨期路基施工 63

第四章 高速公路桥涵工程 66

    第一节 基础施工 66

    第二节 承台施工 75

第三节　桥梁柱、系梁、盖梁工程 78
　　　第四节　桥梁上部工程施工 80
　　　第五节　涵洞工程施工 83

第五章　高速公路附属工程施工技术 89

　　　第一节　交通安全设施施工技术 89
　　　第二节　其他附属工程施工技术 99

第六章　高速公路路基路面养护与管理 105

　　　第一节　高速公路技术状况指数 106
　　　第二节　路基技术状况评定与养护 112
　　　第三节　路面技术状况评定 115
　　　第四节　路面养护一般对策 126
　　　第五节　路面病害及防治 128

第七章　高速公路沿线设施的维运养护 135

　　　第一节　高速公路交通安全设施养护 135
　　　第二节　高速公路机电设施维护管理 140
　　　第三节　高速公路的绿化养护 147

参考文献 167

第一章　高速公路概述

第一节　高速公路的三大系统

高速公路机电工程一般包括交通监控系统、收费系统和通信系统，三者是密切相关的。在建设和发展过程中，这三个系统是同步进行、协调发展的，在高速公路网建成后，能够达到统一运行、统一管理、统一组织收费和管理交通的目的。根据目前的发展趋势，有些业主也会把供配电照明和管道等列入机电工程实施项目。

一、交通监控系统

交通监控系统一般由监控中心和外场设备两部分组成。

1. 监控中心

监控中心由计算机系统、闭路电视监视控制设备、投影设备、不间断电源系统等组成。监控中心计算机系统采用局域网结构，能接入视频、数据和紧急电话语音信息，构成一个多媒体的信息平台，具备方便的扩展性。计算机系统具有每天 24 h 连续工作的能力。

（1）监控软件工程

监控软件工程是交通监控系统的灵魂工程，它采集外场设备检测到的信息，进行分析处理，生成相应的控制方案，通过外场的情报板等设备发布消息，告知司机高速公路交通状况或诱导其行车路线，并根据公路管理部门的反馈意见，尽可能多地考虑可能发生的交通异常情况，并事先制定多种控制预案，使高速公路的管理更加方便，对交通状况的控制更加完善，为道路使用者提供更为高效、安全、快捷、舒适的服务。

（2）闭路电视控制

监控中心的闭路电视控制设备包括视频切换矩阵和监视器墙或投影设备等。它们控制外场摄像机,并接收摄像机传输回来的图像,利用彩色监视器墙和投影设备实时观察相关路段的交通流状态,监视器也可切换到事件发生地点的画面,控制录像机自动录像,并自动记录摄像机的编号、事故发生时间等信息。监控分中心的值班人员可以根据图像显示的信息作出相应的控制决策。

2.外场设备

监控的外场设备一般包括车辆检测器、气象监测器、可变情报板、可变限速板和外场摄像机等。

(1)车辆检测器

车辆检测器主要用来采集高速公路的交通流量信息和行驶车辆的变化情况,可以检测车流量、车速、占有率的参数,从而判断出交通的拥挤、堵塞、畅通等状况,以供监控中心软件给出各种控制方案。

(2)气象监测器

气象监测器一般安装在立交、山区、湖泊区等气候情况比较复杂的地方,用于测当地的能见度、雨雪量等信息,相关部门可以根据这些信息对当地的车辆行驶采取及时有效的限制措施。

(3)可变情报板和可变限速板

可变情报板和可变限速板是控制方案或措施的发布设备,也是高速公路的面子工程,通过这些设备可以告知司机交通信息和诱导行车路线。

(4)外场摄像机

外场摄像机是交通监控系统的"眼睛",可实时动态观察高速公路的交通状况,在其他设备检测到相关信息时也可以通过摄像机进行确认,以采取必要的控制措施。

除了以上的信息收集、信息处理显示、交通控制、事件处理等功能,交通监控系统还提供报表统计与打印、查询,自动数据备份和系统恢复,系统自诊断,交通信息共享,安全防护,以及省域联网等功能,还可加入其他信息源或发布渠道,如广播、电台、新闻媒体、网站等,从而形成一个功能完善的系统。

二、收费系统

高速公路收费系统是高速公路建设费用回收的最重要途径,也是业主最关心的一个系统。

1. 收费系统的收费体制

高速公路收费系统一般采用"收费车道—收费站—各运营公司收费中心—收费结算中心"的四级收费体制。

2. 收费系统的核心

高速公路各级站点的核心都为计算机设备,这些设备通过以太网交换机连成网络。收费车道采集的原始收费数据通过计算机网络实时送至收费站,收费站将采集的数据集中后发送给收费结算中心和相应的运营公司的收费中心。在收费结算中心,对每次出口的收费按照该车辆的车型和实际行驶所通过的路段、里程进行分割计算,得出各路段的应收款,然后存入收费结算中心的数据库,并将得出的结果发送给相应的运营公司的收费中心。

3. 封闭式联网收费系统

收费系统一般采用封闭式联网收费系统,采用人工半自动的收费方式,即"人工判型,人工收费,计算机管理,闭路电视监视,检测器校核"的半自动方式。这种收费方式采用非接触式 IC 卡作为收费介质,即入口发行通行卡并写入入口信息,出口按照车型和行驶里程收取通行费或在充值卡内扣款。除此之外,全自动电子不停车收费系统(ETC)已经根据各地的经济发展状况及实际需要逐渐普及。

4. 收费系统的组成

(1) 收费车道设备

收费车道设备包括收费员终端、车道控制器、票据打印机、非接触式 IC 卡读写器、雨棚信号灯、手动栏杆、自动栏杆、通行信号灯、黄色闪光报警器、雾灯、费额显示器、车辆检测器及必需的附属设备,根据入、出口车道类型,安装相应的设备。

(2) 收费计算机系统硬件

收费计算机系统硬件包括收费中心计算机系统和收费站计算机系统两级。

(3) 各级计算机系统

各级计算机系统包括服务器、工作站、以太网交换机、IC 卡读写器、激光打印机等。

(4) 收费系统软件

收费系统软件包括收费车道、收费站和收费中心计算机系统的操作系统、数据库、应用软件以及完成本系统功能的全部应用软件。

(5) 收费闭路电视监视系统

收费闭路电视监视系统包括外场设备和收费站监视控制设备。外场设备主要由广场摄像机、入出口车道摄像机、亭内摄像机、视频数据叠加器等组成。收费站监视控制设备设于各个收费站控制室内，主要包括视频控制矩阵、硬盘录像机和彩色监视器等。

（6）对讲系统

对讲系统是指收费站与收费亭内部的有线对讲系统。

（7）安全报警系统

安全报警系统是指收费站和各收费亭的安全报警系统。

（8）收费附属设施

收费附属设施包括电源、配电箱、设备保护系统、传输介质（电力电缆、信号电缆、光缆）以及设于收费控制室内的控制台、活动椅等。

5.收费系统的功能

收费车道按照统一的操作流程工作，实时处理各种收费数据，除了对正常车辆进行及时、准确的收费处理，还按照统一的规定流程对收费过程中出现的各种特殊车辆和异常情况进行处理，如军车、公务车、紧急车、车队、拖车、未付车、违章闯关车、补交款车、无卡车、卡坏车、超时车、出入口车型不一致车等。

三、通信系统

通信系统主要为高速公路运营管理及监控、收费系统实施提供必要的话音业务及数据、图像信息传输通道，它是保障高速公路安全、高速、畅通、舒适、高效运营及实现现代化交通管理必不可少的手段，起着高速公路管理系统中枢神经的作用。

1.通信系统实现方法

根据目前的技术水平，通信系统基本采用两种实现方法：一种为SDH光纤数字传输系统，另一种为可实现语音、数据、视频三网合一的千兆以太网技术。

SDH光纤数字传输系统一般根据高速公路上收费站点和服务区、养护工区等设立通信站，在监控和收费中心地点同时设立通信中心。在通信中心布置光线路终端（OLT）设备，在通信站布置光网络单元（ONU）设备，按需采用STM-1（155 Mbit/s）或STM-4（622 Mbit/s）速率等级，用4芯光纤组成2芯通道保护自愈环状网络。

SDH可为高速公路机电工程或运营管理采用以下接口，满足高速公路的数据传输要求：155 Mbit/s 数字通路；2 Mbit/s 数字通路；10 M/100 M 以太网络；CCTV 视频和控制信号传输通路；信道通路。

这些信道通路包括：

①音频信道。SPC远端用户信道、紧急电话系统的远端分支信道、实线信道。

②数据信道。收费网络数据信道（2 M或10 M/100 M以太网接口）、监控数据信道（RS232/2 M）、收费矩阵联网数据信道（RS232/485）、电源监控数据信道、CCTV反向控制信道（RS232/485）、ISDN 2B+D信道、SPC网管数据信道（DCN）等。

2.以太网技术的采用

千兆以太网技术采用新近的以太网技术，完成主干通信网络的设置和数据、图像、话音接入设备的设置，实现数据、图像、话音的综合传输（三网合一）。同样，它需要在各个通信站设立节点交换机，通过4芯光纤形成自愈环网。目前的监控设备和收费系统一般都可以提供以太网接口，可以就近接入通信站点的以太网。同时由于网络带宽够大，可以把视频模拟信号和语音电话等数字化后接入网络传输。这种方法减少了传输中的接口，可靠性增强，且和电信、公网比有较好的兼容性，扩展性较好，可能是以后高速公路发展的趋势。全线采用光缆作为传输媒介，给施工和调试也带来很大方便。

第二节　高速公路的技术标准

一、设计车辆与设计车速

（一）设计车辆

1.原因

设计道路最基本的目的就是使车辆能在其上行驶，所以，设计车辆是高速公路设计的重要依据之一。

2.定义

设计车辆是设计所采用的代表性车型。

3.尺寸

如果实际车辆尺寸与设计车辆不一致，则以规定的设计车辆外廓尺寸、重量、转动特性等特征作为道路设计依据。我国的汽车种类很多，随着改革开放和汽车市场的日益国际化，汽车品种会不断增加和变化，设计车型应能代表这些汽车中的大部分。为了更好地做到这一点，设计车型实际上并不一定是某一种具体牌号的汽车，其外形尺寸往往是虚构的，但能代表某一类汽车。

4.作用

设计车辆主要用于制定公路设计各项控制指标，其外形尺寸直接影响公路的平面设计，如曲线半径、车道宽度、弯道加宽、视距及净空高度等。设计车辆的动力性能则与纵断面的最大纵坡、坡长有关。

5.几种设计车型

在设计时，必须考虑远景汽车交通的情况及有关指标的变化。目前，我国高速公路在设计时主要按小汽车和中型载重汽车考虑。小汽车主要从视距要求考虑，而中型载重汽车主要从外形尺寸和动力性能考虑，考虑到集装箱运输的发展，半挂车也应作为主要设计车型。

（二）设计车速

为什么设计车速是道路设计的设计依据？汽车在道路上以一定车速行驶，除了要求车辆本身有良好的性能，还要求道路提供相应的技术保证。例如，行车部分的宽度、道路的平面线形、纵坡的平缓度、道路的几何形状乃至路面质量等均与车辆行驶速度有关，即设计车速是确定公路线形几何设计的基本要素之一。行驶速度不同的车辆，对道路的要求也不相同，因此道路设计前所确定的设计速度是道路设计的一项重要依据。

1.设计车速的定义

设计车速（又称计算行车速度）是公路设计最基本的设计依据。设计所采用的车速称为计算行车速度，也称设计车速，它是在气候良好、交通量小、路面干净的条件下，中等技术水平的驾驶员在道路受限制部分能够保持安全、舒适行驶的最大速度。

2.设计车速的确定

计算行车速度值会影响道路的规模，并影响道路建设投资。①设计车速的确定考虑了汽车行驶的实际需要和经济性，是汽车行驶要求与经济性平衡的结果。②汽车的行驶要求表现为汽车的最高时速,即汽车的机械性能所能达到的最高速度。不同车辆的最高时速是不同的。公路的设计车速不可能也没有必要达到这一速度,但应尽量满足汽车机械性能的发挥需要。③汽车行驶的经济性要求表现为汽车的经济时速,即汽车的机械损耗和燃油消耗最小的车速,汽车越接近经济时速,运营费用越低。但通常汽车的经济时速较低,从时间效益上考虑,通常驾驶员不会追求以经济时速行驶。因此,设计车速应该是最高时速与经济时速之间的一个速度。

3. 设计车速的取值

设计车速的取值要根据道路类别、级别、地形特征等具体情况抉择,并在道路设计规范或技术标准一类文件中有所规定。远离城市的公路设计车速相对较高,而市郊公路的设计车速则相对较低;公路等级高,则多考虑行车要求,公路等级低,则多考虑经济性;平原区公路工程实施较容易,设计车速定得较高,山岭区地形起伏,工程实施困难,设计车速定得较低。

4. 高速公路设计车速

根据高速公路的运营要求与交通需求的变化,以及上述确定设计车速的原则,我国《公路工程技术标准》(JTG B01—2014)规定:

①高速公路设计速度不宜低于 100 km/h,受地形、地质等条件限制时,可以选用 80 km/h。

②作为干线的一级公路,设计速度宜采用 100 km/h;受地形、地质等条件限制时,可采用 80 km/h。作为集散的一级公路,设计速度宜采用 80 km/h;受地形、地质等条件限制时,可采用 60 km/h。

③高速公路和作为干线的一级公路的特殊困难局部路段,因新建工程可能诱发工程质地病害时,经论证,该局部路段的设计速度可采用 60 km/h,但长度不宜大于 15 km,或仅限于相邻两互通式立体交叉之间的路段。

④作为干线的二级公路,设计速度宜采用 80 km/h;受地形、地质等条件限制时,可采用 60 km/h。作为集散的一级公路,设计速度宜采用 60 km/h;受地形、地质等条件限制时,可采用 40 km/h。

⑤三级公路设计速度宜采用 40 km/h;受地形、地质等条件限制时,可采用 30 km/h。

⑥四级公路设计速度宜采用 30 km/h;受地形、地质等条件限制时,可采用 20 km/h。

二、交通量的设定

（一）概念

交通量是指在单位时间内通过道路某一地点或某一断面的车辆数量或行人数量。前者称车流量，后者称人流量。

（二）交通量的作用及影响因素

1. 作用

交通量是道路规划、设计和交通规划、交通管理的依据。

2. 影响因素

交通量的大小与经济发展速度、文化生活水平、气候、物产等多方面因素有关，并且随时间的不同而变化。

3. 常用交通量

（1）平均交通量

交通量不是一个静止的量，它是随时间变化的，在表达方式上通常取某一时段内的平均值作为该时段的代表交通量。例如，年平均日交通量就是将一年内的交通量总数除以当年的总天数所得出的平均值。常用的平均日交通量还有月平均日交通量、周平均日交通量以及任意期间（依特定分析目的而定）的平均日交通量等。

（2）高峰小时交通量

一天中各小时的交通量不均衡，一般上、下午各有一个高峰，交通量呈现高峰的那一个小时称为高峰小时。所以，一定时间内（通常指一日或上午）交通量出现的最大小时交通量称为高峰小时交通量（指一天内的交通高峰期间连续1h的最大小时交通量）。

（3）第30位小时交通量

将一年当中8 760个小时的小时交通量按大小次序排列，从大到小排列第30位的那个小时的交通量，称为第30位小时交通量。将一年中8 760小时交通量依大小次序排列，然后计算出每一个小时交通量与年平均日交通量的比值，这个比值称为小时交通量系数，以此为纵坐标，以排列次序为横坐标，可以绘制出一年中小时交通量曲线图。

（三）设计交通量

作为道路规划和设计依据的交通量，称为设计交通量。进行道路规划和设计，必须考虑交通量随时间变化出现高峰的特点。若以平均日交通量或平均时交通量作为设计依据，必将在很大一部分时间内不能满足实际交通量的通行要求而发生交通拥挤阻塞；若按年最大的小时交通量作为设计依据，又会偏大而造成浪费。有研究认为，应取一年的第 30 位最大小时交通量作为设计小时交通量，即将一年中测得的 8 760 小时交通量按大小顺序排列，取序号为第 30 位的小时交通量作为设计交通量。

三、道路路段通行能力

（一）通行能力

1.基本概念

通行能力通常定义为在一定的道路、交通状态和环境下，单位时间内（良好的天气情况下），一条车行道或道路的某一断面上能够通过的最大车辆或行人数量，也称道路容量、交通容量或简称容量。一般以辆/小时、人/小时表示，也有用辆/昼夜或辆/秒表示的。车辆多指小汽车，当有其他车辆混入时，均采用等效通行能力的当量小客车单位。

2.注意事项

在我国公路方面采用当量解放牌汽车为单位，城市采用当量小汽车为单位。注意以下几点：

第一，特定的道路和交通条件下。

第二，车辆数（车辆中有混合交通时，则采用当量交通量）。

第三，与交通量的关系：

区别：道路通行能力与交通量概念不同，交通量指某时段内实际通过的车辆数，道路通行能力指一定条件下通过车辆的极限值，不同的道路条件和交通条件下，有不同的通行能力。

联系：在一般情况下，交通量均小于道路的通行能力。

第四，在交通量小得多的情况下，驾驶员可以自由行驶，可以变更车速、转移车道，还可以超车。

第五，交通量等于或接近于道路通行能力时，车辆行驶的自由度就明显降低，一般只能以同一速度列队循序行进。

第六，当交通量稍微超过通行能力时，车辆会出现拥挤甚至堵塞。所以，道路通行能力是一定条件下通过车辆的极限值，在不同的道路条件和交通条件下，有不同的通行能力。

第七，通常在交通拥挤经常受阻的路段上，应力求改善道路或交通条件，以期提高通行能力。

3.影响因素

影响道路通行能力的主要因素有道路状况、车辆性能、交通条件、交通管理、环境、驾驶员技术和气候等。此外，还有些影响因素至今尚未能对其作出定量的分析。因此，目前国内外不少专家学者都致力于确定和提高通行能力的研究。

（二）机动车通行能力的类别

基本通行能力是指道路与交通处于理想情况下，每一条车道（或每一条道路）在单位时间内能够通过的最大交通量。理想的道路条件主要包括：车道宽度不小于 3.65 m，路旁的侧向余宽不小于 1.75 m，纵坡平缓并有开阔的视野、良好的平面线形和路面状况。

交通的理想条件主要包括：车辆组成为单一的标准型汽车，在一条车道上以相同的速度连续不断地行驶，各车辆之间保持与车速相适应的最小车头间隔，且无任何方向的干扰。

第二章　高速公路路面工程

第一节　高速公路路面结构层及其性能影响因素

一、高速公路路面结构层

（一）各结构层的材料要求

1.表面层

表面层采用细粒式改性沥青混凝土。改性沥青混凝土的主要优点是：抗滑耐磨，密实耐久，抗疲劳，抗车辙，减少低温开裂。采用细粒式改性沥青混凝土，能较好地实现表面层的使用功能。

2.中面层

中面层采用中粒式沥青混凝土。沥青只是一种胶结料，它本身不能承受力，而只是把集料黏结成一个整体，集料是受力体，从经济上分析不合算。沥青混凝土的混合料采用粗集料断级配结构，这样面层的抗变形、低温缩裂性能更能得到改善。

3.基层

基层主要承受由面层传下来的行车荷载竖直力的作用，并把它扩散到底基层、垫层和土基，故基层应具有足够的强度和刚度，但可不考虑耐磨性能，是主要起承重作用的结构层。高速公路多采用半刚性水泥稳定碎石基层，其应具有较小的收缩（温缩及干缩）变形和较高的强度，分上、下层，厚度约 40 cm。

4.底基层

底基层设置在基层之下，并与面层、基层一起承受车轮荷载反复作用，是起次要承重作用的结构层。现今高速公路底基层约为 20 cm 厚级配碎石或水泥稳定碎石（水泥含量 3.0%）。

底基层太薄，按路面结构设计的规律，自上而下，其层厚由小到大，这样既满足半刚性沥青路面的受力特点，又节约造价；底基层应加大厚度，分为上底基层和下底基层，上底基层保持原有的结构形式，下底基层为 40 cm 厚未筛分碎石，这样就提高了整个路面结构的承载能力和刚性，在经济造价略有增大的基础上，路面使用功能可以得到较大改善，从价值工程的角度来说更加合理。

5. 垫层

垫层是设置在底基层与土基之间的结构层，起排水、隔水、防冻、防污等作用，在南方地区较少采用此层，因为在个别土基软弱及有特别排水要求的地段，需要对路基采用特殊处理。

6. 层间结合

沥青路面由各个结构层组成，沥青面层之间，沥青面层与半刚性基层之间，层与层之间的黏结尤为重要，它可使路面各结构层之间形成连续体系，使其使用性能达到设计的要求。通常在沥青面层与半刚性基层之间设置透层沥青，沥青面层之间设置黏层沥青。

根据价值工程的原理，在确保沥青路面使用性能良好的状态下，应延长路面使用年限，尽量降低全寿命成本，从而提高路面的使用价值。路面结构分两次设计及施工，合理地进行路面结构层的组合设计并使各层间的材料搭配合理，能够从根本上消除高速公路沥青路面存在的隐患，提高路面的使用性能，延长路面的使用寿命，大幅度减少路面维修成本，最终达到降低全寿命成本的目的。

（二）合理组合结构层

在现有的厚度下，应当考虑如何合理地组合沥青面层的结构层，使面层体系既能承受行车荷载和自然因素的作用，又能充分发挥各层次的最大效能。

根据面层各结构层的功能及整体厚度的情况，面层结构组合宜采用 4 cm 厚细粒式改性沥青混凝土表面层＋6 cm 厚中粒式沥青混凝土中面层＋5 cm 厚热拌粗粒式沥青碎石下面层的结构组合模式，其原因为：

第一，满足面层结构层功能的要求。表面层主要功能是抗滑、耐磨、防渗、防水，并具有平整度，采用 4 cm 厚细粒式改性沥青混凝土作表面层，能显著提高面层的抗滑能力,且密实性、平整度好;6 cm 厚中粒式沥青混凝土中面层和 5 cm 厚热拌粗粒式沥青碎石下面层是面层的承重层。

第二,减少沥青路面的缩裂。由于采用半刚性基层,易使路面产生低温缩裂现象,采用改性沥青混凝土作表面层及热拌粗粒式沥青碎石下面层可减少沥青路面的低温缩裂。

第三,热拌粗粒式沥青碎石既为下面层,又具有联结层的作用,有利于沥青路面与半刚性基层的黏结。

二、影响路面结构层性能的主要因素

高速公路路面结构应坚固耐久,表面应平整、抗滑和耐磨。影响高速公路路面结构使用性能的因素很多,主要有以下四种:

1. 路基的稳定性

修筑路基,必然会改变原地层所处的状态,破坏原地层固有的稳定状态,且原地层上存在软弱地层、风化岩层等不良地质水文地段,因此必须采取必要的排水防护和加固措施,保证路基整体结构的稳定性,从而使路面结构具有足够的稳定性。

2. 土基的坚实性

土基位于路面结构层下,直接承受路面结构传递下来的荷载。如果土基过分湿软和水温条件差,在行车荷载作用下就会产生过大的沉陷变形,甚至引起翻浆,产生弹簧路基,使路面失去坚强而均匀的支承,从而引起路面结构过早损坏。因此,土基的坚实与否将直接影响路面结构的使用性能。

3. 交通量的大小及车辆吨位

交通量的大小及车辆吨位直接影响路面结构的设计。汽车对路面的作用包括重力作用和动态影响。重力作用主要是通过轮胎与路面的接触面,将其重力传递给路面,再由路面扩散至路基。动态影响主要指车辆对路面的震动、冲击、摩擦作用及紧急制动时产生巨大的水平制动力等。

交通量的大小决定了路面的重复荷载作用,在重复荷载作用下,路面材料将出现疲劳破坏、变形累积等损坏现象,使路面结构承重能力逐步降低,使用状况不断恶化。我国高速公路的早期损坏与车辆吨位,特别是超载的大量存在具有直接的关系。而车辆的超载包括轮压超限及轴载超载，其中轮压超限对路面的损坏更为严重，所以对沥青路面来说仅限制轴载是不够的。

第二节　高速公路水泥混凝土路面性能要求及新技术

高速公路水泥混凝土路面在实际使用过程中，考虑道路使用环境条件以及超载等不利因素的影响，正常情况下10年左右不用大修，维护间隔时间长，因而养护费用少。

为了提高高速公路水泥混凝土路面抗滑性能，目前我国许多地方采用对水泥混凝土路面表面实施刻痕、凿毛等增糙措施，同时加强路面的排水，取得了一定效果。但是，水泥混凝土路面经过增糙措施一般使用一年后由于高速行车的车轮磨耗，很快增糙层就会被磨损掉，需要继续增糙处理，因而大大增加了养护成本。

连续的增糙处理会削减水泥混凝土路面的有效厚度，给路面结构厚度处理带来难题。在这种情况下，用露石水泥混凝土进行高速公路铺装的方法被提出。露石水泥混凝土在高速公路路面铺装上的应用，有效地弥补了普通混凝土的不足，尤其是在降噪和抗滑方面改善比较明显，从而提高了高速公路水泥混凝土路面的抗滑性能和行车安全性。但在其他方面，如行车视觉亮度差异、震动大和行驶条件变化不利于行车等方面仍需要不断改善。

一、高速公路水泥混凝土路面的特点与寿命

（一）高速公路水泥混凝土路面的特点

水泥混凝土路面能够满足现代运输承载能力大、运输速度快、运输流量高的要求，并且强度高，稳定性好，能够有效地减少维修和保养费用。但水泥混凝土是一种非均匀脆性材料，由骨料、水泥石以及其中的气体和水组成，由于长期受荷载作用，且外部环

境不断变化，水泥混凝土路面会变得脆弱。

（二）高速公路水泥混凝土路面的寿命

在中国，高速公路水泥混凝土路面的设计寿命一般是 20~30 年，但由于交通负荷增加，实际路面寿命只有 8~10 年，有些高速公路建设 2~3 年后就出现了不同程度的破坏，导致驾驶时间增加、燃料消耗增多，并且容易引发交通事故等，给国家和社会带来不必要的经济损失。如何延长高速公路使用寿命，已成为现今公路建设最为关心的问题，这就使得长寿命路面应运而生。与普通路面相比，长寿命路面初期建设投资大，但从长期的经济利益上看，无疑是最好的选择。

二、高速公路水泥混凝土路面新技术

随着经济的发展和我国综合国力的增强，国内建筑材料、建筑设备、建筑技术都有了较快发展。特别是电子计算技术的广泛应用，为广大工程技术人员提供了方便、快捷的计算分析手段。更重要的是，我国的经济政策为公路事业发展提供了多元化的筹资渠道，保证了建设资金来源。

（一）路基沉降观测

高速公路水泥混凝土路面的早期断板破坏绝大多数情况下是由路基不稳定、沉降过大造成的。为了防止这种现象，我们首先应对高速公路水泥混凝土路面路基进行全线沉降观测，对沉降较大的路段进行施工图阶段的细化补强设计，计算出摊铺永久性水泥混凝土路面的不均匀沉降界限值，从而有效保证高速公路水泥混凝土路面的路基质量和稳定性，延长水泥混凝土路面的使用寿命。

1.路床稳定新技术

根据水泥混凝土路面比沥青路面对路基稳定更敏感的特性，要求高等级公路水泥混凝土路面的路基填筑提高一级压实标准。对于粒径在壤土以下的粒料土、沙土等，采用重型压路机强行击实；对于塑性指数较高的黏性土，使用路床石灰改善土稳定技术。

2.压路机压实措施

在多段高速公路采用提高压实标准和重型压路机压实措施，并使用路床石灰改善土稳定技术，能够强有力地保证高速公路水泥混凝土路面路基或基层的质量和稳定性，大大延长水泥混凝土路面的使用寿命。

3.路基改善土技术

路基改善土技术是针对压实度达不到要求的高塑性黏土、软基土或路基填挖频繁路段采用的技术。该技术能够提高软土路基强度、承载力及稳定性。路床改善土相当于增加一层坚实的底基层，对延长水泥混凝土路面使用寿命将起到巨大作用。

（二）贫混凝土基层滑模摊铺技术

使用贫混凝土基层滑模摊铺技术，并对贫混凝土基层的原材料、配合比、上基层的铺筑及质量验收提出明确的技术要求，扩展了国内外认为的最抗水冲刷、强度最高、使用寿命最长的新型基层类型及其施工技术和质量验收控制标准。该技术的重大意义将在我国未来高速公路建设和养护中逐步显现出来。

1.滑动封闭层新技术

使用上基层表面沥青表处或稀浆滑动封闭层新技术的主要优点：①有利于防止断板；②有利于防止半刚性基层长期水冲刷破坏；③有利于基层养生；④有利于防止施工期间运输车轮轧坏或碾松基层表面；⑤有利于基层越冬防护。

不过，采用沥青滑动封闭层后为了防止胀缝隆起，应将胀缝板宽度增大 5 mm。

2.高弯拉强度路面滑模混凝土

使用高弯拉强度水泥混凝土路面滑模摊铺技术，主要采用了高性能道路混凝土掺外加剂和粉煤灰的"双掺技术"，用于超重载交通减薄板厚，并增强了面板对断裂的抵抗能力，提高了路面对超重轴载破损的安全储备。目前我国使用高性能道路混凝土技术滑模摊铺的路面实测平均弯拉强度为 6.5～7.5 MPa，这是迄今为止在国际上各种文献中未曾见过的高弯拉强度，居于国际领先水平。

3.高平整度水泥路面滑模摊铺技术

目前我国高速公路和一级公路滑模摊铺水泥混凝土路面的静态 3 m 直尺平整度不大于 3 mm 的普遍达到90%以上；总体动态平整度基本上在 $\delta=1.0$，最好的水泥混凝土路面一个标段已经达到 $\delta\leqslant0.76$，最好 6 km 单副路面已达到 $\delta\leqslant0.45$，比验收标准规定的 $\delta\leqslant1.5$ 小得多。

这些数据表明，我国高平整度的水泥混凝土路面已经与国际先进水平相当；同时，表明我国滑模摊铺水泥混凝土路面的平整度还有进一步提高的潜力；最终，我国滑模板摊铺水泥混凝土路面的平整度将与沥青路面相当。

4.水泥混凝土路面裂缝控制技术

水泥混凝土路面裂缝控制技术的作用首先是防止施工期间的塑性收缩裂缝，其次是使用初期防止温差、湿差裂缝和断板，更重要的是提出了消除纵向裂缝的施工技术及控制指标。

防止水泥混凝土路面开裂任重而道远。目前，真正掌握该项技术的人员并不多，实际工作如不小心，仍然有出现开裂和断板现象的可能。主要解决开裂断板的技术措施有：①在刮风天，防止塑性收缩开裂，使用抗裂的混凝土配合比，并提早喷洒养生剂，加强养生施工；②使用沥青滑动封闭层，降低上基层表面对面板的年温差、季节湿差收缩裂缝及断板；③加深所有插拉杆和传力杆接缝的切缝深度（$1/3 \sim 1/4$）h，并提早其切缝时间，防止纵向断裂。

5.水泥混凝土路面抗冻、抗盐冻技术

在国内首次研究并使用了水泥混凝土路面抗冻及抗盐冻性滑模摊铺技术，明确提出了混凝土路面含气量、气泡间距检测方法和标准，为解决我国北方地区水泥混凝土路面表层冰冻及盐冻脱层，提供了有效的技术措施，表明我国北方也可以建设不脱层的优质水泥混凝土路面。

（三）钢纤维混凝土材料在旧混凝土路面修补工程中的应用

随着国民经济建设和公路交通事业的飞速发展，城市道路和国道干线公路上的车辆荷载及密度越来越大，行驶速度越来越快，致使路面的损坏也日趋严重。

1.水泥混凝土路面损坏的影响

对损坏的水泥混凝土路面而言，不仅翻修投资大，而且施工周期长，严重影响交通畅通及行车安全。

2.普通水泥混凝土的缺陷

用普通水泥混凝土修复路面有强度高、板块性好、抗磨性好以及承受气象作用的耐久性好等特点，它的最大缺陷是脆性大、易开裂、抗温性差，路面板块容易受弯折而产生断裂，所以就要求路面面板有足够的抗弯、抗拉强度和厚度。

3.钢纤维混凝土的使用

用钢纤维混凝土修筑路面,就是将钢纤维均匀地分散于基体混凝土中(与混凝土一起搅拌),并通过分散的钢纤维,减小因荷载在基体混凝土引起的细裂缝端部的应力集中,从而控制混凝土裂缝的扩展,提高整个复合材料的抗裂性。同时由于混凝土与钢纤维接触界面之间有很大的界面黏结力,因而可将外力传到抗拉强度大、延伸率高的纤维上面,使钢纤维混凝土作为一个均匀的整体抵抗外力的作用,显著提高了混凝土原有的抗拉、抗弯强度和断裂延伸率,特别是增强了混凝土的韧性和抗冲击性。

实践证明,采用钢纤维混凝土这一新型高强复合材料对路面进行修理,既可提高路面的抗裂性、耐疲劳性和抗弯曲、耐冲击能力,又可改善路面的使用性能,延长使用寿命,从而减少老路开挖,节省工程造价,具有重要的经济效益和社会效益。此外,采用钢纤维混凝土为提高道路补强与改造提供了良好的途径。

4.钢纤维混凝土的基本技术参数

(1)钢纤维混凝土材料

钢纤维混凝土就是在普通混凝土中掺配一定数量的短而细的钢纤维所组成的一种新型高强复合材料。由于钢纤维能够阻滞基体混凝土裂缝的产生,不但具有普通混凝土的优良性能,而且具有良好的抗折、抗冲击、抗疲劳以及收缩率小、韧性好、耐磨耗能力强等特性。可使路面厚度减薄50%以上,缩缝间距可增至15~30 m,不用设胀缝和纵缝。

(2)钢纤维类型

钢纤维混凝土用钢纤维类型有圆直型、熔抽型和剪切型。其长度分为不同规格,最佳长径比为40~70,截面直径在0.4~0.7 mm,抗拉强度不低于380 MPa。在施工时,钢纤维在混凝土中的掺入量为1.0%~2.0%(体积比),但最大掺入量不宜超过2.0%。水泥采用425#~525#普通硅酸盐水泥,以保证混合料具有较高的强度和耐磨性能。钢纤维混凝土用的粗骨料最大粒径为钢纤维长度的2/3,不宜大于20 mm。细集料采用中粗砂,平均粒径0.35~0.45 mm,松装密度1.37 g/cm^3。砂率采用45%~50%。

5.钢纤维混凝土配合比

钢纤维混凝土配合比的要求:首先应使路面厚度减小,其次是保证钢纤维混凝土有较高的抗弯强度,以满足结构设计对强度等级的要求,即抗压强度与抗折强度,以及施工的和易性。钢纤维混凝土配合比设计基本按以下步骤进行:

①根据强度设计值以及施工配制强度提高系数,确定试配抗压强度与抗折强度。

②钢纤维混凝土抗折强度设计值的确定。

③根据试配抗压强度计算水灰比。

④根据试配抗压强度确定钢纤维体积率,一般浇筑成型的结构范围在0.5%～2.0%。

⑤按照施工要求的稠度确定单位体积用水量。

⑥确定砂率。

⑦计算混合材料用量,确定试配配合比。

⑧按照试配配合比进行拌和物性能试验,调整单位体积用水量和砂率,确定强度试验用基准配合比。

⑨根据强度试验结果调整水灰比和钢纤维体积率,确定施工配合比。

为防止钢纤维混凝土在搅拌时纤维结团,在施工时每拌一次的搅拌量不宜大于搅拌机额定搅拌量的80%。采用滚动式搅拌机拌和,在搅拌混凝土过程中必须保证钢纤维均匀分布。为保证混凝土混合料的搅拌质量,采用先干后湿的拌和工艺。

投料顺序及搅拌时间:粗集料→钢纤维(干拌1 min)→细集料→水泥(干拌1 min)。其中,钢纤维在拌和时分三次加入拌和机中,边拌边加入钢纤维,再倒入黄沙、水泥,待全部料投入后重拌2～3 min,最后加足水湿拌1 min。总搅拌时间不超过6 min,超搅拌会引起湿纤维结团。

按此程序拌出的混合料比较均匀。倘若在拌和中先加水泥和粗、细集料,后加钢纤维,则容易结成团,而且纤维团越滚越紧,难以分开,一旦发现有纤维结团,就必须剔除掉,以防止因此而影响混凝土的质量。

6.钢纤维混凝土浇捣

钢纤维混凝土浇捣与普通混凝土一样,浇筑和振捣是施工中的重要环节,直接影响钢纤维混凝土的整体性和致密性。其不同之处在于,钢纤维混凝土流动性较差,在边角处容易产生蜂窝,因此边角部分可先用捣棒捣实。板角采用插入式振动器振捣,然后用夯梁板来回整平。在混凝土面层抹平过程中,因钢纤维直径较粗而易冒出路面,影响行车安全,故在施工时需注意清除。

第三节　高速公路沥青混凝土
路面施工的技术分析及质量控制

沥青路面属于柔性路面。其特点是：路面结构层抗压弹性模量约为水泥混凝土的一半，能够在一定程度上吸收汽车动荷载产生的振动，无伸缩缝，故行车相对平稳，噪声小。沥青路面的设计年限一般为 15 年，从实际使用情况来看，正常情况下一般可以达到 3～5 年不用大修，维护方便。

沥青路面的不足之处是：属于"黑色路面"，有较强的吸收光线作用，会降低隧道的光照度，使用寿命比水泥混凝土路面短，需要经常维护。在多水路段，需要做好路面抗水技术处理。

另外，由于沥青路面中的沥青存在易燃的可能性，近些年来国内外对隧道采用水泥混凝土路面还是沥青路面一直存在争议，其中隧道沥青路面在火灾中的安全性问题争议最大。为了降低沥青的可燃性，现已开发出阻燃剂，从而大大降低了沥青燃烧的可能性，提高了沥青混凝土在长大隧道铺装中的安全性。

一、高速公路沥青混凝土路面施工的技术分析

沥青混凝土主要是由手工操作来选择用合适比例搭配出来的材料，最后经过专业人员的调配而形成的一种混合材料。随着经济的不断增长，以及人们生活水平的不断提高，越来越多的人使用汽车作为代步工具，这就使得道路面积不断扩宽。有很多公路沥青路面因为承受不了越来越大的压力而不断损坏，这就对沥青混凝土路面的使用性提出了较大的考验。广大的路面工作者不得不重视沥青路面的质量及使用寿命。

（一）沥青混凝土生产的事先控制

1.原材料的质量控制

首先，沥青作为一种胶结料，其黏性，即外力作用下沥青抵抗剪切变形能力的强弱，对沥青混合料的路用性能会产生直接的影响。因此，对于沥青、改性沥青，应在针入度、

软化点、延度三大常规指标外,对道路沥青作一定批次的全套技术指标抽检。

2.针入度指数 PI 值

针入度指数 PI 值越高,就表明沥青温度敏感性越低,运动黏度直接决定了沥青的黏接能力。实践证明,尽管 SBS 改性沥青有助于改善沥青的高、低温性能,但其易分层离析、性能衰减的问题也同样明显。因此,在实际操作中,改性剂 SBS 的添加量宜控制于 500(外掺)左右,线型 SBS 改性沥青尽管改性效果弱于星型,但其质量稳定、工艺成熟,应用范围较广。

3.降低改性

此外,为减少改性沥青在运输、储存阶段出现性能衰减或老化等现象,要尽量保证改性沥青的现场加工或集中生产,160 ℃条件下成品储存时间应大于 50 h。

4.集料

为保证沥青混合料的路用性能,矿质集料可采用反击破碎石机生产,同时对集料的针片状含量、棱角性、含泥量等特性加以控制。

集料的棱角性可提高沥青混合料的抗剪强度,使其在荷载作用下形成抵抗变形的能力;限制含泥量,则可以有效增强沥青与集料间的黏结力,提升混合料的路用性能。

填料应注意从憎水性石料或石灰岩中磨细取得,粒度应控制在 0.075 mm 以下,塑性指数大于 4。同时,上面层沥青混合料中的矿粉可用 2%～4% 的水泥替代,同样可保证混合料的高温稳定性。

(二)沥青混合料级配设计

研究显示,5～15 cm 的中等厚度沥青路面拉应变相对较高,易出现疲劳破坏,同时沥青表面层下约 6 cm 处应是路面受热温度最高的地方。

1.沥青混合料的级配设计原则

结合半刚性基层的沥青路面设计思路来看,要有效地满足公路设计年限内荷载行驶的功能性要求,延缓沥青路面裂缝、变形与水损害等情况,沥青混合料的级配设计应遵循以下原则:①在保证沥青混合料施工和易性的前提下,上面层沥青混合料要综合兼顾抗滑、抗水损害能力;②中面层主要考虑抗车辙能力;③下面层应以抗疲劳、抗水损害能力为主。

2.沥青混合料的摊铺及碾压

（1）沥青混合料的摊铺

沥青混合料摊铺前各摊铺层应预先准确放置好基准线、导向线，用以控制摊铺方向及厚度。其中上面层应提供平衡梁自动找平，下面层可采用两侧金属边桩钢丝绳引导的高程控制方式。

①摊铺。在利用自动找平沥青摊铺机整幅摊铺、刮平时，应对准导向线行驶，进行匀速、缓慢和连续不间断的摊铺，速度控制在 2~6 m/min 即可，不得中途停顿或变换速度，确保摊铺的平整性、均匀性和摊铺边缘的齐整度。

②混合料的摊铺。混合料的摊铺应以参考线控制好铺筑层标高，注意上下层摊铺时的横向接缝距离应超过 50 cm。混合料的机械摊铺不需要人工反复修整，但如存在机械无法摊铺、整修的地方，可采取人工摊铺和整修的方式，更换混合料或进行局部找补。如局部混合料离析，摊铺后有拖痕或表面坑洞的，摊铺带边缘局部缺料的，都需要人工找补或更换混合料。

③沥青混合料摊铺。沥青混合料摊铺作业应在气温高于 10 ℃时进行，尽量做到快卸料、快摊铺、快整平、快碾压，避免产生过多的横、纵向施工接缝。

（2）沥青混合料的碾压

碾压机组作业必须严格遵循"紧跟、慢压、高频、低幅"的原则，在沥青混合料摊铺整平，并完成不规则表面的修整后，立即对其进行全面均匀的压实，沥青混合料碾压可分为初压、复压、终压三个阶段，其技术要点主要包括以下几点：

①碾压的基本步骤。初压两遍（静压），应在沥青混合料摊铺后高于 120 ℃时进行，注意双钢轮振动压路机碾压时不得造成混合料推移、发裂，驱动轮要面向摊铺机，碾压路线及方向也要始终加以控制，不得突然改变；初压后紧跟进行的复压，可组织轮胎压路机、三轮压路机配套使用，沥青混合料温度须高于 90 ℃，复压 4~6 遍直至路面稳定且无显著轮迹；复压后立即进行终压，沥青混合料温度应高于 70 ℃，轮胎压路机碾压 2~4 遍后，路面压实成型并无轮迹即可认定符合规范要求。

②碾压工序的注意事项：

a.由外而内。在双轮压路机纵向行进，由外而内开始碾压时，每次重叠应为 30 cm，三轮压路机每次重叠应等于后轮宽的 1/2；以梯队法逐步向内侧碾压时，应遵循先压纵缝再常规碾压的次序。

b.保持匀速行驶。压路机碾压时应保持匀速行驶，不能在未碾压成型或新铺混合料的路段停留、急刹车、转弯。为避免压路机碾压时出现沥青混合料沾轮现象，可适当向碾压轮倾洒含少量洗涤剂的水，碾轮保湿即可。另外，初压、复压、终压三道压实工序中，落接茬应当设置在不同断面上，横向间距离错开 1 m 左右。

（三）沥青混凝土路面接缝处理的技术分析

1.横纵向接缝处理的注意事项

横向接缝处理是否细致，直接关乎路面的平整度与行车舒适性。在路面铺筑时，横向接缝应尽量设置于伸缩缝、桥梁两端等构造物连接处，无法避免时，摊铺机可在靠近端部约 1 m 处抬起熨平板并驶离现场，人工铲齐端部混合料再予碾压。对平整度不符规范的，在其未冷却时要及时垂直切除厚层不足部分，重新摊铺时直角连接。

（1）采用热接缝

纵向接缝应当采用热接缝，已铺混合料应注意留下约 10~15 cm 宽，将该部分作为待摊铺部分的高程基准面。

（2）进行跨缝碾压

施工时进行跨缝碾压，以消除缝迹。

（3）冷接缝处理

对热接缝施工完毕后的剩余边角部分应作冷接缝处理，将缝边缘清扫干净后再涂洒黏层沥青，同时人工摊铺的剩余部分应再加铺 5~10 cm 的热混合料，使新旧混合料的黏性更强。

2.接缝加工与接缝处碾压

（1）接缝前

在采用钢轮或胶轮压路机进行碾压施工时，接缝前应铺设厚 4.5 cm、宽 3 m 的模板垫，防止压路机损毁预留接缝断面的接缝质量。

（2）摊铺机预热

摊铺机预热应将熨平板表面温度升至 90~100 ℃，直到熨平板达到恒温后才能启动摊铺机，避免熨平板因温度过低导致新铺面拉毛，摊铺机位置也要注意摆正，熨平板夯锤要与接缝处垂直对准。

（3）弥补接缝空隙

摊铺机驶离接缝后，应安排人工铲除摊铺层上所附着的新混合料，再筛出细料，用来弥补接缝空隙。

（4）摊铺面起伏现象

为保证路面施工质量，摊铺机运行 5 m 后应安排专门人员用 3 m 直尺计算出纵向距离，进而确定松铺厚度是否符合规范，局部新铺面较低的，可组织人工用细粒混合料找平，摊铺面起伏现象严重的必须立即停止摊铺施工，确定问题原因并加以调整，再重新进行摊铺。

（5）工艺处理的细节

接缝处碾压还需要注意到一些工艺处理的细节问题，如双钢轮压路机在横向接缝碾压时由冷路面向热混合料碾压。首次压入宽度应为 10～20 cm，其后每次应控制在 15～20 cm 范围内，直至压路机轮宽 2/3 进入新铺面。

对于公路的施工，不仅要从沥青混合料的质量抓起，也要对施工的先进技术给予关注，保证材料的正确使用和技术的正常运用。在施工阶段，要对施工人员管理和施工进程做好计划，这样才能使施工效率提高，确保施工质量，保证公路的正常使用。

二、高速公路沥青混凝土路面施工质量控制

（一）选拌制设备

选拌制设备，其目的是从拌制设备上保证后场施工质量。

1.性能和生产力

以拌和机为中心的沥青拌和厂，沥青混凝土拌和机的性能和生产能力是一个主要方面，保证拌合楼的生产能力与工程规模相互匹配，拌合楼必须具备全过程自动控制，能够分析数据、核定生产量，进行拌和质量分析，最好具备匹配的二级除尘装置。

2.添加设备及附属设备

选好了拌和机，再优选沥青加热设备、矿粉的外加剂添加设备及装载机等附属设备，从它们的性能和供需能力上确保与拌和机配套，以满足拌和机生产要求为准。

3.确保原材料质量

确保原材料质量，需要做到以下几点：

首先抓集料检验，从加工性、结构性两大指标狠抓落实，粗集料要注重颗粒尺寸、

形状、松软质和黏附性指标，签订供货合同时要注意保证粗集料筛分级配变异小，保证石料软弱颗粒、白云石、长石的含量控制在合理范围内。

细集料应注重砂当量和黏附性等指标，严格控制砂，进场后及时搭棚防雨、防晒。所有集料注意分级存放，不得串混。

为防止材料离析，还要将场地硬化，并在堆放时采用水平或斜坡分层堆放，不能锥堆。

沥青原材料应从黏度等指标着手，确保沥青指标优良，符合设计要求。

（二）拌制工艺

拌制工艺上要保证成品质量，在生产中，要做好生产配合比的设计。保证目标配合比在拌和中得以实现是关键。要保证冷热料供料平衡，拌合楼不待料、溢料少，就要处理好冷料转速与流量关系、选择合适的筛网孔径、确定热料仓供料比例。从热料仓供料抓起，采取措施保证各仓均衡储料。保证原料稳定的组成和供料比例。

综上所述，高速公路工程作为国民经济发展的重要支撑，其行业的发展对国民经济的发展具有极大的影响力。随着沥青混凝土施工技术水平的不断提升，高速公路路面施工质量的优劣将直接影响公路工程事业的整体水平。因此，施工企业必须高度重视高速公路工程的沥青混凝土路面施工新技术及质量，对施工过程中每个环节的质量进行严格把关，只有这样才能避免工程安全隐患的产生，才能进一步提升整个工程施工的质量。

第三章　高速公路路基工程

第一节　高速公路路堤施工

路堤施工是公路工程施工中一个非常重要的环节，需要精心组织、精心施工，确保工程质量。对于高速公路这种具有特殊交通功能的公路，要对路基施工质量有更高的要求。因此，路堤施工必须从基底处理、填料选择、压实、排水、防护等各方面加以重视，依靠科技，采用新技术、新材料、新检测手段，保证路基具有足够的稳定性和耐久性。

一、高速公路路堤施工的特点

（一）高速公路路堤基底处理

高速公路路堤是在天然地基上人为构筑的，破坏原有状态而以一定要求填堆的土体，并与原面接触而呈结合状态。它对路基质量有着重要的影响，特别是对路基的稳定性影响很大，需要根据地形和土质条件作适当的处理。正式施工前，除了必须伐树除根、清除杂草垃圾及不稳定的石块，横坡较大时，还需要做表土翻松，开挖台阶或凿毛（石质基底）。对于特殊土质（如软土）、沙滩和有地下水上溢的地段，必须做进一步的稳定处理或换土。

（二）高速公路填土要求

路堤对填土要求很严格，使用不合适的土填筑会直接影响路堤的稳定性和强度。例如，使用淤泥或腐殖质含量较高的土料填筑的路堤，会产生路堤整段或局部的变形，也可能因自重的原因产生滑坡，严重时将影响道路的使用。因此，一般最好采用强度高、水稳定性好的材料作为填料。另外，即使填土材料良好，但由于其所处状态不同，特别是含水率不同，所表现出的结果往往相差很大，解决填土的含水率问题是填筑路堤中一个很重要的环节，在一定程度上左右着工程的施工进度。

（三）高速公路填方压实

路堤的填筑都要经过压实，以使路基土体符合要求的密实度，所以填筑必须是分层作业。同时，由于土的种类以及所处状态不同，施工的作业程序、环节会变得复杂，铺填土料厚度、填土方式、层间结合以及压实机械和压实工艺都成为施工中必须认真对待的问题，这是路堤施工的又一特点。

二、高速公路基底及填土材料的处理

（一）高速公路路堤基底的处理

1. 伐树除根及表土处理

高速公路路堤填筑时，如果不清除结合面上的草木残株等有害于路堤稳定的杂物，路堤成型后，一旦杂物腐烂变质，地基就会出现松软和不均匀沉降等现象。为了预防这种情况，必须在填土之前做好伐树除根和表层土壤处理工作，特别当路基填筑高度小于1.0 m时，应注意将路基范围内的树根、草丛全部挖除。伐树除根和清除草丛作业可采用人工方法或机械方法。

2. 耕地、水田的处理

高速公路路堤通过耕地时，筑填施工之前必须预先填平压实，如其中有机质含量和其他杂质较多，碾压时因弹性过大，不易压实，应换填干土。对于水田，其表面往往存在一层松软薄层，如果直接填土，不但机械通行性很差，难于作业，而且填土不能充分压实。若填土厚度大，第一层则要填至 0.5~1.0 m 厚，施工机械才能通行，以后可以按规定厚度铺填，能够充分压实时可不必进行其他处理。若填土层较薄，第一层则不能填得太厚，否则填土无法得以碾压密实。这时，应当在基底挖沟排水，使填土底层保持干燥，再进行填方压实作业。如果水田水位过高，简单地设置排水沟也不能使水充分外排，不能保证机械通行，且地下水毛细管作用侵入填土，恶化了填土性质，则应在原表土和填土之间加砂垫层，以利于水的排出。

3.坡面基底的处理

当基底为坡面时，在荷载作用下，粒料极易失稳而沿坡面产生滑移。因此，在施工前必须注意，对基底坡面处理后才能填筑。以往的高速公路施工经验表明，当坡度较小，在 1：10～1：5 时，只需清除坡面上的树、草等杂物，将翻松的表层压实后即可保证坡面的稳定。但当坡度较大，在 1：5～1：2.5 之间时，应将坡面做成台阶形，一般宽度不宜小于 2.0 m，高度最小为 1.0 m，而且台阶顶面应做成向堤内倾斜 4%～6%的坡度。当基底坡面超过 1：2.5 时，则应采用修挡土墙、护脚等措施对外坡脚进行特殊处理。

（二）高速公路路堤填料的选择和处理

1.含水率调节

一般情况下，当料场土料的自然含水率接近最佳含水率时，只要对挖出的土料及时装卸上堤、及时摊平碾压即可。如果土料含水率过高，应予以翻晒，最好利用松土机或圆盘耙搂翻，增大曝气面，加速水分蒸发。另外，也可在取土场工作面下面挖沟，使地下水位降低，改变土料含水率，这也是一种有效的方法。当含水率过低时，常在材料上人工洒水，洒水率可由自然含水率和最佳含水率之差简单地求出，常用的洒水工具有洒水车和水泵等。在实际工作中，土料的人工湿润可在取土场和堤上进行，由于取土场场地宽阔，工作方便，易控制，能够使洒水均匀，如有洒水过度，也不影响堤上已有的土体，因而这种方法采用较多。在料场湿润土料，可以采用把取土场用水淹盖起来的方法，用于黏土层垂直孔隙较大的情况。作业时，应首先除掉表土植物层，并将土面整平，而后灌水淹盖，直至吸够必需水量为止。所需水量由地面至挖深厚度内全部土体计算，淹水后的土壤不宜立即取用，需让水经一定下沉或蒸发后方可使用。

2.化学稳定处理

化学稳定处理即利用石灰或水泥作稳定剂对土壤性质进行改良，达到填土要求，这种方法对含水率大、塑性高的材料（如黏土）或强度不足的其他材料（如含有大量细粒砂的砂质土）都有较好的效果。

化学稳定处理的施工方法，是将土和石灰、水泥等添加材料按一定比例混拌均匀后铺平压实。一般采用路拌式稳定土拌和机（灰土拌和机）和平地机等进行作业，也可由设于专门场地的厂拌设备制备。

三、高速公路路堤的填筑作业

（一）路堤填筑方法

路堤填筑是把填料用一定方式运送上堤进行铺平、碾压密实的过程。路堤填筑分为水平分层填筑法、纵向分层填筑法、横向填筑法和混合填筑法等四种方法。

1.水平分层填筑法

填筑时按照横断面全宽分成水平层次，逐层向上填筑。若原地面不平，则应从最低处分层填起，每填一层经过压实符合规定要求后再填上一层。

2.纵向分层填筑法

该法宜用于推土机从路堑取料填筑距离较短的路堤，填方侧应按要求，人工开挖土质台阶后，依纵坡方向分层，逐层向上填筑碾压密实。原地面纵坡大于 12%的地段常采用此法。

3.横向填筑法

从路基一端或两端同时按横断面的全部高度，逐步推进填筑，仅用于无法自下而上填筑的深谷、陡坡、断岩、泥沼等运土机械无法进场的路堤。横向填筑因填土过厚，不易压实，施工时需采取下列措施：①选用高效能压实机；②采用沉陷量较小的砂性土或附近开挖路堑的废石方，并一次填足路堤全宽度；③在底部进行拨土夯实。

4.混合填筑法

混合填筑法即路堤下层用横向填筑，而上层用水平分层填筑，使上部填料经分层压实获得需要的压实度。混合填筑法适用于因地形限制或填筑堤身较高，不宜采用水平分层填筑法或横向填筑法自始至终进行填筑的情况。

（二）高速公路路堤机械化作业

1.推土机作业

（1）推土机横向填筑

这是一种水平分层填筑方法。推土机在路堤一侧或两侧取土场取土，一般沿线路分段进行，每段距离以 20~40 m 为宜，可以单机作业，也可以多机作业，多在地势平坦或两侧有可利用的山地土场的场合采用。

推土机在路堤单侧取土时，可采用穿梭法进行作业。作业时，推土机铲满土料，推送至路堤的坡脚，卸土后，按原路返回铲挖位置，如此往复在同一路线上。采用槽式作业法送 2～3 刀就可挖到 0.7～0.8 m 深，然后作斜线倒退，向一侧移位，同样方法可推送相邻土料。整个作业区段完成后，可以沿作业时相反方向侧移，可推净遗留土坡，整平取土坑。

（2）推土机纵向填筑路堤

用推土机进行移挖填土施工时，多采用这种方法（一般多用在丘陵、山地）。可进行纵坡分层，只要挖方土壤符合填土要求即可采用，但以开挖部分坡度不大于 1∶2 为限。在开挖过程中，应随时注意复核路基标高和宽度，避免超挖和欠挖。

（3）综合作业法

这是上述两种方法的综合，即在纵横方向联合作业。沿线路分段进行，每段长 60～80 m，每段中部设有横向送土道，用横向作业的方式，将两侧土壤送上路堤，再由另外的推土机纵向推送铺平，同时分层压实。

2. 铲运机作业

利用铲运机填筑路堤，其基本方法与推土机类似，仅以作业现场条件不同而有所区别。其最大特点是曲线作业散落料少，故有更灵活的作业路线，并适宜于较远距离取土（一般为 100 m 以外，且填筑高度为 2 m 以上）。对于其作业的运行路线，根据地形条件，并考虑施工效率，主要有以下几种基本方式，可在实际工作中灵活应用：

（1）椭圆形运行路线

此方法适用于填土高度在 1.5～2 m 以内，且工作长度在 100 m 以下的情况。其主要缺点是重载上坡转向角大，转弯半径小；每一循环，铲运机需要转两次 180°大弯。

（2）"8"字形运行路线

该运行路线实际上是上述椭圆形路线的组合，每一个作业循环在同样两次 180°大转弯的情况下，可完成两次铲装、运送、卸土的过程，而且允许多机作业，工效比单椭圆形作业路线有一定程度的提高，多用于工作段较长（一般为 300～500 m）的填筑作业，要求取土场在路堤两侧。作业区段较长时，可以多个"8"字形工作面首尾相连，在整个区段内连续作业。如果各机间隔适当，可使其互相不受干扰，并把每次填挖段与上次的错开，保持作业均衡。其缺点为一次循环的时间较长。

（3）全堤宽循环作业

上述几种方法均在路堤单侧取土（指一个循环内），在两侧取土场同时取土作业时，可采取全堤宽循环作业的方法,即铲运机连续相间地在路堤两侧取土场取土,而在路堤全宽上均匀铺散。这种作业方法适宜于作业区段较长且宽度较大的路堤填筑,铲运机在每次循环中多次装卸土壤,运行路线可均匀错开,因此碾压质量较好。

3.挖掘机(或装载机)与运输车辆配合作业

用正铲、反铲和抓斗挖掘机或装载机与运输车辆配合进行路堤填筑施工,适用于在取土场较远或特殊地形的施工条件下作业,工作过程比较简单。挖掘机或装载机按其基本作业方法进行挖掘装载,由运输车辆将土料送上路堤,然后由推土机或铲运机按规定厚度铺平,并由压实机械压实。采用这种作业方法,影响工效的主要因素是:与一定装载能力的挖掘装载机械相配合的运土车辆数及运行路线。

其他挖掘机和装载机作业时,方法与此相同,不同之处仅在于各种挖掘装载机械的施工条件。如拉铲装车较为困难,要求司机操纵熟练,由于抓斗对土壤适应性差,一般不做直接挖土工作,这些类型的工作装置进行填土作业时,效率不及正铲。

四、高速公路填土边坡施工

(一)一般规定

路堤边坡施工是路堤作业中的重要环节,如果重视不够,不但可能延误工期,降低工程质量,造成经济损失,而且可能给运输安全带来很大的威胁,施工中务必充分重视。

在施工时需注意以下几点:

1.放样

根据线路中桩和设计图表,通过放样,定出边坡的位置和坡度,确定路基轮廓,要求放样准确可靠。

2.做好坡度式样

按照规定,首先在适当位置做出边坡式样,作为全面施工的参照,以免沿错误边坡延续施工。

3.随时测量

对高路堤或深路堑,每做一段距离就要抄平打线一次,发现问题应及时纠正,变坡点处更要注意测量检查。

4.留有余量

路基修筑（包括路堑、路堤）时，边坡部位要留有一定的余量，以方便进一步修正后达到设计要求的标准，岩石边坡要尽量一次完成。

路基经过填土压实后，要进行整形作业。除路基顶面以外，施工作业中较复杂的是边坡面的整形，可用平地机或推土机进行。

（二）高速公路平地机坡面整形作业

由于平地机的性能和刮刀长度的限制，当坡面坡度为 1：1.5～1：5，坡面在平地机刮刀宽度以内时，可以用一台平地机在一个平面上行驶作业。如果坡面超过刮刀宽度或坡度较缓，一台平地机在一个平面上无法完成全坡面整形，则可采用两台平地机在上下两个平面上同时进行作业，或一台平地机分两次在上下两个平面内分别作业。对于平地机在上下两平面上仍不能完成整形作业的大坡面，则必须在分层填筑过程中，在适当时候进行修整。

无论采取何种方式进行坡面整形，施工作业前都必须在作业段两端做好标准坡面，以便在刮削时有所参照，或者随时用线绳连接两端标准坡面同一位点并指导、检查平地机作业情况，防止超刮及欠刮。对于有找平装置的平地机，也可以用拉线的方式，设置基准进行作业。

（三）高速公路推土机坡面整形作业

推土机坡面整形作业，只适用于坡度较小（小于 1：2.5）的坡面。一般先用人工做出标准坡面，然后推土机紧靠标准坡面，自下而上或自上而下进行刮削。为了保证推土机不至于远离标准坡面而造成超刮现象，作业段内应有一定数量的标准坡面，以对推土机的作业加以控制，标准坡面布设一般以铲刀宽的 4～6 倍为宜，即 10～15 m。

由于推土机进行整形作业，是与机车在坡面上行驶同时进行的（平地机是在平面上行驶），因此在推土机作业过程中，虽然可以多布设一些标准坡面，以便对照，但仍然比较难于掌握，所以对操作人员的技术水平要求较高。可根据推土机行驶的坡度与铲刀切削坡度一致的程度，采用简易的环形测坡仪进行监测，以便控制。一般而言，推土机进行坡面整形作业远不如平地机容易控制。

第二节　高速公路路堑施工

一、高速公路路堑施工的特点

从作业程序上说，高速公路路堑施工较为简单，按一定要求把土挖掘并运到弃土地点，不像路堤填筑有材料选择、分层碾压密实等问题存在。然而，从以往施工经验和公路使用的角度看，路基上发生的问题却大多出在路堑上。例如，路堑施工往往成为整个工程的控制工程，影响工期；施工中常发生塌方、落石等事故。在道路使用过程中，路堑地段又是塌方、滑坡、翻浆、冒泥、冻害等路基病害的多发区段，而这些又在很大程度上与路堑施工得当与否有着密切的关系。如由于开挖坡度不合适或弃土太近，使土体失去平衡而发生塌方；由于排水不良造成土体松软，发生边坡溜滑；由于没有及时修筑挡土墙等防护工程而发生滑坡现象。因此，在路堑施工中，对采取的作业方式、开挖步骤、弃土位置等应予以充分重视，进行全面规划，保证有较高的质量和效率。在挖掘作业特别是深挖掘作业时，应将粗加工和挖掘作业同时进行，使坡面作业尽量减少，并且必须经常不断地检查尺寸。单面挖掘、单面堆土时，应尽量避免土堆太高，即使设计上没有防滑措施，也要将基底面进行阶梯挖掘才比较合理。

二、高速公路路堑的开挖

路堑开挖前，应做好现场伐树除根等清理工作。如果移挖作填，还需将表层土壤单独掘弃。根据现场施工条件，路堑的开挖可采用以下几种基本方法：

（1）全断面开挖法

从开挖路堑的一端或两端按断面全宽一次挖到设计标高，逐渐向纵深挖掘，挖出的土方一般都是向两侧运送。这种方法适用于深度不大且较短的路堑。

（2）分层横断面挖法

从开挖路堑的一端或两端按横断面分层挖至设计标高，每层都有单独的运土出路和临时排水设施，适用于开挖深而短的路堑。土方工程数量较大时，各层应纵向拉开，做到多层、多方向出土，可安排较多的劳动力和施工机械，以加快施工进度。每层挖掘深度视工作方便程度和安全性而定，一般为 1~2 m。

（3）分段纵挖法

当路堑较长、开挖深度不大时，把开挖路堑横断面分成若干段，并沿纵向条形开挖，一般出土于两侧。若是傍山路堑，一侧堑壁不厚，选择一个或几个地方挖穿路堑壁出土。

（4）分层纵挖法

如果路堑宽度及深度都不大，则可以纵向分层挖掘。在短距离及大坡度时，可用推土机施工，较长的宽路堑则宜用铲运机作业。

（5）通道纵挖法

在开挖路堑全长上，沿路堑纵向先挖出一条通道，然后开挖两旁，这是一种快速施工的有效方法，通道可用于机械通行或运输土料车辆的运土。

三、高速公路路堑开挖机械化施工

（一）推土机作业

推土机操纵灵活，运转方便，既可开挖土方，又能短距离运输土料，在路堑开挖作业中被广泛应用。

采用推土机开挖路堑，根据具体情况可有两种施工作业方法：

1.平地上两侧弃土，横向开挖

用推土机横向开挖路堑，其深度以 2 m 以内为宜。开始时，推土机以路堑中线为界，向两侧用横向"穿梭"推土作业法进行，将路堑中挖出的土送至两侧弃土堆，最后做专门的清理和平整。当开挖深度超过 2 m 时，则需与其他机械配合作业。

不论采用何种作业路线进行路堑开挖，都要注意不允许路堑的中部下凹，以免积水。在整个开挖段上，应做出排水方向的坡度，以便排除降雨积水。在接近挖至规定断面设计线时，应随时复核路基的标高和宽度，避免出现超挖或欠挖。通常在挖出路堑的粗略外形后，多采用平地机整修边坡和边沟。

2.纵向开挖山坡路堑

（1）开挖傍山半路堑

一般多用斜铲推土机进行。开挖时首先由路堑边坡的上部开始，沿线路行驶，渐次由上而下，分段、分层将土推送至坡下填筑路堤处。推土机的水平回转角根据土壤的性质来调整，在Ⅰ、Ⅱ级轻质土壤上作业时，可调至 60°；在Ⅲ、Ⅳ级土壤上作业时，可调至 45°。由于推土机沿山坡施工，要特别注意安全，推土机始终应行驶在坚实稳定的土壤上，填土部保持道路外侧高于内侧，行驶的纵坡角不宜超过推土机最大爬坡角。

（2）开挖深路堑

开挖深路堑，应首先做好准备工作，要在开挖路堑的原地面线顶端各点和填挖之间零点处设置标记，同时挖半小丘，使推土机能顺利进入作业现场。如果推土机能沿斜坡驶至最高点，则可以由路堑的所在坡面上顶点处开始，逐层开挖至路堤处，开挖时可用 1~2 台推土机沿线路中线的平行线进行纵向推填。当路堑挖到设计深度的一半位置时，再用另外 1~2 台推土机横向分层推削路堑斜坡。由斜坡上推削下来的土壤，仍由下面的推土机送至填土区段，直至路堑路堤全部完成为止。

（二）铲运机作业

铲运机开挖路堑也有两种作业方法：一是横向弃土开挖，二是纵向移挖作填。路堑应分层开挖，并从两侧开始，每层厚 15~20 cm。这样做既能控制边坡，又能使取土场保持平整。同时还应沿路堑两侧做出排水纵坡。

路堑在以下情形下，宜采用横向开挖：堑顶地面有显著横坡，而上游一侧须设置弃土堆，阻挡地面水流入路堑；路堑中纵向运土距离太长，超过铲运机的经济运距，严重影响工效；不需要利用土方或利用有剩余的；长路堑由于施工条件的限制，机械只承担其中一段，两端又无法纵向送土时。横向开挖路堑的施工运行线路与路堤横向取土填筑类似。

铲运机纵向移挖作填，当路堑须向堑口外相接的路堤处运土填筑时，铲运机应当利用纵坡自路堑端部开始做下坡铲土，并逐渐向堑内段延伸挖土长度，而填筑路堤也应做相应的延伸。

（三）挖掘机作业

用挖掘机开挖路堑，一般是与运输车辆配合作业的。

1.正铲挖掘机开挖路堑

正铲挖掘机进行路堑开挖作业，可采用全断面开挖和分层开挖两种方法。路堑深度在 5 m 以下时，可采用全断面开挖，挖掘机一次向前开挖路堑全宽至设计标高，运输车辆与挖掘机停在同一平面，且并列布置，或在挖掘机后侧。这种方法施工简单，但挖掘机须横向位移，才能挖到设计标高。

当路堑深度为 5 m 以上时，宜采用分层开挖，即挖掘机在纵向行程中，先把路堑开通一部分，运输车辆在挖掘机一侧布置，并与开挖路线平行，如此往返几个行程，直至将路堑全部开通。第一开挖道高度应以停在路堑边缘的车辆能够装料为准，其余各次开挖道都可以按要求位于同一水平之上，这样可以利用前次挖好的开挖道作为运输车辆的行驶路线。

2.反铲挖掘机开挖路堑

由于反铲挖掘机只能挖掘停机面以下的土壤，因此做开挖路堑作业时，是停在路堑顶部两侧进行作业，一般只适用于开挖深度在挖掘范围内的路堑，可视现场情况采用沟端、沟侧的作业方法。

3.拉铲挖掘机开挖路堑

用拉铲挖掘机开挖路堑作业时，如卸料半径能及至两侧弃土堆位置，则挖掘机可停在路堑中心线上，采取沟端挖掘的方法进行；否则，必须采用双开挖道作业。当弃土堆位于路堑一侧时，挖掘机沿路堑边缘移动，为了保证安全，挖掘机内侧履带应与路堑边沿保持 1～1.5 m 的距离。

4.推土机和铲运机联合作业

在组织大型土方机械开挖路堑作业时，往往投入作业的机型很多，各自又有不同的运用范围和作业效果，为多机联合作业提供了可能性。其中，不同功率的推土机和不同斗容量的铲运机联合作业最为常见。

在组织推土机与铲运机联合开挖作业时，应根据它们各自的特点将它们安排在最能发挥各自优势的部位进行作业。

在多机联合作业时，可将中型推土机安排在开挖段的上层，大型推土机放在中层，铲运机放在底层。为了便于排除降雨积水，开挖工作应自下而上进行。为了提高推土机的作业效率，在较硬土质区段最好配备翻松机械或机具协同作业。

四、高速公路边坡作业

高速公路路堑挖土边坡施工的基本要求与填土边坡类似,除了边坡坡度符合设计规范外,也应做好放样、布设标准坡面等工作。但是,其与填方边坡相比又有自己的一些特点,首先表现为作业对象多、土壤土质多样。由于路堤边坡是由填土而成的,所以其工程性质差异不大,而路堑边坡则是由自然状态的土、石方挖掘形成,土壤土质随线路经过地带不同而有较大变化,其工程性质不仅不同,有时还差别很大,施工作业难易程度也就有一定的区别。根据以往施工经历,下面介绍路堑开挖边坡的几种类型及其施工要点:

(一)砂土边坡

挖出的斜坡要留有足够的余量,然后打桩定线进行坡面整修。具体做法是,先用机械开挖,留有 20~30 cm 的余量,后用人工修整或平地机修整,也可用小型反铲挖掘机修整。如果采用挖掘机修整边坡,则要求操作人员有较高的技术水平,否则很容易造成超挖或欠挖。

(二)岩石边坡

如果坡面是软岩,可用镐或风镐开挖;如果是硬质岩石,要用手动冲击式钻机沿着需要修整的坡面先开炮孔,注意不要使剩下的岩盘松动,然后装少量炸药进行爆破。在大型工程中,也可直接爆破成斜面,然后进行放坡作业。

(三)碎石类土边坡

影响碎石类土挖方边坡的因素,主要是土体结合的紧密程度。其坡度要结合土壤、地质水文等条件确定。

碎石类土的潮湿程度及边坡高度对边坡的稳定有较大影响。一般湿度大、边坡高时,宜采用较缓坡度;对于密实度差的土体,应避免深挖。同时要注意,边坡过缓时,受雨水作用面积增大,故不宜过缓。除此之外,应根据具体情况采取边坡防护和加固措施,做好排水工作,以免影响边坡稳定。

五、高速公路石质路堑开挖

（一）爆破法开挖

爆破法是利用炸药爆炸的能量将土石炸碎以利挖运，或借助爆炸能量将土石移到预定位置。用这种方法开挖石质路堑具有工效高、速度快、劳动力消耗少、施工成本低等优点。对于岩质坚硬，不可能用人工或机械开挖的石质路堑，通常要采用爆破法开挖，爆破后用机械清方，这是非常有效的路堑开挖方法。

根据炸药用量的多少，爆破法分为中小型爆破和大爆破，其中使用频率最高的是中小型爆破，大爆破的应用则受多种因素的限制。例如开挖山岭地带的石方路堑时，若岩层不太破碎，路堑较深且路线通过突出的山嘴，采用大爆破开挖可有效提高施工效率。但如果路堑位于页岩、片岩、砂岩、砾岩等非整体性岩体路段，则不应采用大爆破开挖。尤其是路堑位于岩石倾斜朝向路线且有夹砂层、黏土层的软弱地段及易坍塌的堆积层路段时，禁止采用大爆破开挖，以免对路基稳定性造成危害。

爆破对山体破坏较大，对周围环境也有较大影响，因此必须按有关施工规定和安全规程进行作业，严格按设计文件实施。通常应作试爆分析，其结果作为指导施工的依据。

（二）松土法开挖

松土法开挖是充分利用岩体的各种裂缝和结构面，先用推土机牵引松土器将岩体翻松，再用推土机或装载机与自卸汽车配合将翻松的岩块搬运到指定地点。松土法开挖避免了爆破作业的危险性，而且有利于挖方边坡的稳定和附近建筑设施的安全。凡能用松土法开挖的石方路堑，应尽量不采用爆破法施工。随着大功率施工机械的使用，松土法愈来愈多地被应用于石质路堑的开挖，而且开挖的效率也愈来愈高，能够用松土法施工的范围也不断扩大。

松土法开挖的效率与岩体破裂面情况及风化程度有关，岩体被破碎岩石分隔成较大块体时，松开效率较高。当岩体已裂成小石块或呈粒状时，松土只能劈成沟槽，效率较低。砂岩、石灰岩、页岩等沉积岩有沉积层面，是比较容易松开的岩石，沉积层愈薄愈容易松开。片麻石、片岩、石英岩等变质岩，松开的难易程度要视其破裂面发育程度而定。花岗岩、玄武岩、安山岩等岩浆岩不呈层状或带状时，松开比较困难。

多齿松土器适用于松动较破碎的薄层岩体。单齿松土器则适用于松动较坚硬的厚层岩体。松土器型号及松土间隔应根据岩石的强度、裂隙情况、推土机功率等选择,最好通过现场松土器劈裂试验来确定。遇到较坚硬的岩石,松土器难以贯入,引起推土机后部翘起或履带打滑时,可用另一台推土机在松土器后面顶推。坚硬完整的岩石难于翻松,可进行适当的浅孔松动爆破,再进行松土作业。

(三) 破碎法开挖

破碎法开挖是利用破碎机凿碎岩块,然后进行挖运等作业。这种方法是将凿子安装在推土机或挖土机上,利用活塞的冲击作用使凿子产生冲击力以凿碎岩石,其破碎岩石的能力取决于活塞的大小。破碎法主要用于岩体裂缝较多、岩块体积小、抗压强度低于 100 MPa 的岩石。由于开挖效率不高,只能用于前述两种方法不能使用的场合,作为爆破法和松土法的辅助作业方式。

以上三种开挖方法各有特点,应视施工条件合理选用。

六、高速公路深挖路堑的作业

路堑边坡高度等于或大于 20 m 时称为深挖路堑,深挖路堑的施工方法与一般路堑的施工方法基本相同,但有一些特殊问题和要求需要注意。

(一) 施工前的准备

深挖路堑因为它的边坡较高,易于坍塌,且工程数量大,常是影响全线按期完工的重点工程。因此,施工前准备工作的一个重要任务,就是要详细复查设计文件所确定的深挖路堑地段的工程地质资料及路堑边坡,并收集了解土石界限、工程等级、岩层风化厚度及破碎程度等岩层工程特征。若路堑为砂类土,应了解其颗粒级配、密实程度和稳定角;若路堑为细粒土,应了解含水率和物理力学性质,以及不良地质情况、地下水及其存在形式等。根据详细了解的工程地质情况、工程量的大小和工期,编制施工组织设计,确定配备机械设备类型和劳动力,这对保证工程质量和按期完成是非常重要的。

施工前准备工作的另一重要任务是对工程地质进行补探。过去有些深挖路堑常缺乏工程地质资料或者仅有地表面 1~2 m 深的探坑地质资料,有些资料只根据天然露头确定工程难易等级,这对保证深挖路堑边坡稳定的论证是不够的,更不能以此编制施工组织设计和指导施工。因此,在施工前必须进行工程地质补探工作(补做工程地质勘探时应以钻探为主),解决原设计文件中工程地质资料缺乏或严重不足的问题。在补做工程地质勘探并验算后,若高路堑边坡难以稳定,则会造成长期后患,应按补做的地质资料进行方案的选择,并报请审批后实施。

(二)土质高路堑

影响深挖路堑边坡稳定的因素很多,其中最主要的是边坡坡度大小。若坡度小,边坡平缓,则易于稳定;反之,则不稳定。同时边坡稳定也与气候有关,因此要求边坡严格按照设计坡度施工,但遇到土质情况与设计资料不符,特别是土质较设计松散时,应向有关方面提出修改设计的意见,批准后实施,以保证路堑边坡的稳定。

路堑边坡按一定高度设平台,与从上至下一个面坡相比,虽然设平台的综合坡度与一面坡的坡度相同,但前者边坡较稳定些。此外,分层设有平台还可起到碎落台作用。因此,在施工高路堑边坡时,应每隔6～10 m高度设置一个平台,平台宽度人工施工不应小于2 m,机械施工不应小于3 m,平台表面横向坡度应向内倾斜,坡度约为0.5%～1%;纵向坡度应与路线平行,平台上的排水设施应与排水系统连通。

施工过程中修建平台后的边坡如果仍然不能稳定,应根据其不稳定因素,如设计边坡过陡、过大造成含水率增加、土的内摩擦角减小、边坡中地下水的影响等,采用修建石砌护坡、边坡上植草皮或做挡墙等防护措施,若边坡上有地下水渗出,还应根据地下水渗出的位置、流量,修建排水设施将其排走。

土质单边坡和双边坡深挖路堑的施工方法,与一般高度的平边坡路堑的施工方法基本相同,只不过需多分几层施工。

(三)石质高路堑

石质高路堑宜采用中小爆破法施工,只有当路线穿过独山丘,开挖后边坡不高于6 m,且根据岩石产状和风化程度,确认开挖后边坡稳定,才可考虑大爆破方案。

单边坡石质深路堑已有一面临空,为了使爆破后的石块较小,便于推土机清方,绝对不能采用松动爆破、减弱松动爆破或药室爆破。前两种爆破方法虽然能节约炸药,但爆破后石块太大,有些大石块还要重新钻眼爆破,将石块炸小(二次爆破),或需用人工以撬棍将大石块慢慢移走，无法使用机械施工，导致施工进度减慢。药室爆破虽然爆破方量较大，但可能将边坡炸松，而且构建药室时都是人工操作，花费时间多。正确的做法是采用深粗炮眼、分层、多排、多药量、群炮、光面、微差爆破方法。其原则是打炮眼尽量使用机械，可使爆破后石块小一些，便于机械清除。若最后一排炮眼靠近边坡，应采用光面爆破设计施工。

双边坡石质深挖路堑的施工较单边坡的困难一些。首先需用纵向挖掘法在横断面中部每层开辟一条较宽的纵向通道，以便运走爆破后的石料，同时成为两侧未炸石方的临空面，然后横断面两侧按单边坡石质路堑的施工方法作业。

第三节　高速公路特殊路基处理

特殊路基施工，应进行必要的基础试验，编制专项施工组织设计，批准后实施。施工中若实际地质情况与设计不符或设计处治方案因故不能实施，应及时向监理、业主、设计院反映，申请设计变更。采用新技术、新工艺、新设备、新材料时，必须制定相应的工艺、质量标准。用湿黏土、红黏土和中、弱膨胀土作为填料直接填筑时，应符合下列规定：第一，液限在40%～70%，塑性指数在18～26；第二，采用湿土法制作试件，试件的CBR值要满足规范要求；第三，不得作为零填及挖方路基0~0.80 m范围内的填料。

一、高速公路黏土填筑路基施工

高速公路黏土填筑路基施工要点：

①当湿黏土液限不在40%～70%这一范围内，塑性指数不在18～26这一范围内时，应进行处理，处理后CBR值和粒径大小应符合相关要求，且压实质量应符合规范规定。

②当基底为软土时，应按设计要求进行处理。

③不同类的填料，不得填筑在同一压实层上。

④路堤填筑时，每层宜设 2%～3%的横坡；当天的填土宜当天完成压实。

⑤填筑层压实后，应采取措施防止路基工作面曝晒失水。

⑥水稻田地段路基施工，要符合下列规定：第一，水稻田地段路基施工，不得影响农田排灌。第二，施工前应采取措施排除公路用地范围内的地表水，疏干地表水确有困难时，应按设计要求进行处理。第三，二级及二级以上公路路堑段，应在边坡顶适当距离外筑埋并挖截水沟；土质、风化岩石边坡，应浆砌护墙或护坡；路堑路段宜加大边沟尺寸并采用浆砌。

⑦河、塘、湖地段路堤施工应符合以下规定：第一，受水浸润作用的路堤部分，宜用水稳性好、塑性指数不大于 6、压缩性小、不易风化的透水性填料填筑。第二，在洪水淹没地段的路堤两侧不得取土；对于三、四级公路，在特殊情况下，可在下游侧距路堤安全距离外取土。第三，两侧水位差较大的河滩路堤，根据具体情况，宜放缓下游一侧边坡，设滤水趾和反滤层，在基底设隔渗墙或隔渗层。第四，防洪工程应在洪水期前完成，施工期间应注意防洪。

⑧多雨潮湿地区路基施工应符合下列规定：第一，多雨潮湿地区施工应注意排水，机具停放地、库房、生活区域应选在地势较高不易被水淹的地点，并有完善的排水防洪设施。第二，多雨潮湿地区，应按设计要求对基底过湿土层进行处理。

二、高速公路软土地基路基施工

软土一般指淤泥、泥炭土、流泥、沼泽土和湿陷性大的黄土、黑土等。通常其含水率大、承载力小、压缩性高，尤其是沼泽地，水分过多、强度很低，常规施工机械在软土地面上行进和作业都很困难。

（一）软土的工程地质特性

对于软土，目前尚无统一的定义。一般地，路基工程中软土是指相对密度小于 0.33 的松砂土和天然含水率大于液限（$\omega_L<1.0$），孔隙比大于等于 1.0 的黏性土，由软土作为地基时称软土地基，其具有松软、易于变形的特征。

（二）填土的稳定与沉降

在道路工程中修筑路堤和其他构造物，是为上层路面提供一个均匀而坚固的基础，同时保持路面平整及处于良好的状态。在软土地基上筑填路堤或进行开挖作业，除了可能产生不均匀沉陷，还可能由于软土的蠕变而导致路基或其他构筑物的失稳。

首先，在软土上面填土，当超过某一高度时，可能使填土的部分发生崩塌，坡脚外侧地基隆起等，这种现象的产生势必造成工程的大范围返工。如果坡脚附近有房屋、水管或其他工程设施，也将受到严重威胁，甚至被破坏或造成人身伤亡事故。

其次，即使不发生滑塌，但施工过程中，以至填土完成以后，沉降将在相当长的时间内持续发展，即所谓的地基沉降。这种现象严重时，不仅增加填土工程量，而且在靠近填土部位的挡土墙、涵洞等会受到沉降或水平移动的影响。另一方面，完成铺装路面后的沉降，不仅会对路面的纵横断面造成影响，不能保证其平整性，而且会引起路面结构的破坏。边沟等排水设施也将受到不利影响，特别是桥梁、涵洞等结构物与填土相连接部分的不均匀沉陷，成为车辆行驶中的阻碍和发生事故的原因。

（三）软土地基的处理

软土地基施工措施，按照其原理不同，可采取多种不同的方法，各种方法的施工要点如下：

1.表层排水法

这种方法是在路基填筑前，在地面开挖水沟，以排除地表水，同时降低地基表层的含水率，确保施工机械的作业条件。为了使开挖水沟在施工中发挥盲沟作用，常用透水性良好的沙砾回填。

（1）水沟的布置

水沟布设应全面考虑地形与土质情况，使排水畅通。

（2）水沟的构造

水沟尺寸一般可取宽 0.5 m、深 0.5～1 m 左右，路堤填筑前，宜用沙砾回填成盲沟，若埋设管道，必须用良好的过滤材料保护。

2.砂垫层法

这种方法是在软土地基上铺设厚度为 0.5～1.2 m 左右的砂层（砂垫层），其作用是：作为软土层固结所需要的上部排水层和路堤内的地下排水层，以降低堤内水位，改善施工时重型机械的作业条件。

施工时要设置和砂垫层厚度相同的放样桩，一般用自卸汽车及推土机配合摊铺，应做到摊铺均匀，注意不要有很大的集中载荷作用。当路堤为粉土，透水性不好时，路堤坡脚附近砂垫层被路堤覆盖，有可能阻碍侧向排水，必须注意做好砂垫层端部的处理。

3.稳定剂处治法

稳定剂处治法即用生石灰、熟石灰、水泥等稳定材料，掺入软弱的表层黏土中，以改善地基的压缩性和强度特性，保证机械作业条件，提高路堤填土稳定及压实效果。

施工中应注意以下几点：

（1）稳定剂贮存

工地存放的水泥、石灰不可太多，以一天使用量为宜，最长不宜超过三天的使用量，同时应做好防水、防潮措施。

（2）压实与养生

压实要达到规定压实度，用水泥或熟石灰稳定处治土应在最后一次拌和后立即压实；而用生石灰稳定土的压实，必须有拌和时的初碾压和生石灰消解结束后的再次碾压。压实后若能获得足够的强度，可不必进行专门养生，但由于土质与施工条件不同，处治土强度增长不均衡，则应做约一周时间的养生。

4.开挖换填法

开挖换填法即在一定范围内，把软土挖除，用无侵蚀作用的低压缩散体材料置换，分层夯实。按软土层的分布形态与开挖部位，有全面开挖换填和局部开挖换填两种。

（1）选择良好填料

选择填料时，要考虑路堤高度、软土层厚度及地下水位等因素，宜用排水性能好（即使以后处于地下水位以下应仍能保持足够承载力）的砂、沙砾及其他粗粒料。

（2）开挖边坡

根据开挖的深度与土的抗剪强度确定合理的边坡坡度，开挖时若用水泵排水，边坡容易被破坏，从而增加挖方量。因此，如果有不需要压实的良好换填材料（以不排水为宜），为防止边坡塌落，应随时开挖随时填料。

5.强制换填法

强制换填法按施工方法可分为路堤载荷强制换填法和爆破换填法两种。

（1）路堤载荷强制换填法

路堤载荷强制换填法就是依靠路堤载荷将部分软土层强制挤出，用良好的填筑材料置换。施工时，应从中线起逐渐向外侧填筑。但对于宽路堤，由于沉降不一致，从而在路堤下面残留部分软土，完工后会发生不利的不均匀沉降，对此应予以注意。

（2）爆破换填法

爆破换填法就是把炸药装入软土层，通过爆破作用将软土挤出。这种方法对周围影响很大，只限于爆破对周围构造物或设施没有不良影响的地区使用，并且一般要通过几次爆破使路堤逐渐下沉，两侧挤出隆起的软土要及时挖除，保证爆破效果不致降低。

6.反压护道法

反压护道法主要用于当路堤在施工中达不到要求的滑动破坏安全系数时，反压路堤两侧，以期达到路堤稳定的目的。应用反压护道法时，应注意以下几点：①避免过高堆填，而应分层铺平，充分压实，并应有一定横坡度，以利于排水；②反压护道的填筑速度不得低于主路堤的填筑速度；③主路堤在施工中或完工后，如能确定反压护道下面的地基强度已增长到要求的值，则可以将反压护道设计高度以上的部分挖除，利用这些材料填筑主路堤。

7.慢速加载法

这种方法类似于一般路堤的自然沉降，但要根据土质的剪切破坏情况，控制填土速度，用较长的时间完成填土，不需要特殊的施工机械和材料。在工期充裕的情况下，采用此法最为经济。

8.砂井排水法

这种方法是在软土层设置垂直排水井，一般由中砂或粗砂构成。方法是用下端装有埋入式桩靴的钢管打入土中，然后从上端灌入砂子，分层夯实，同时将管向上拔起，直至桩孔灌满砂，形成砂井。在黏性土中也可先打入木桩，拔出桩后在孔中填砂夯实。

9.水泥搅拌桩

在一些桥、涵等结构物台背位置处，为加强地基承载力，有时采用水泥搅拌桩的形式进行地基处理加固。水泥搅拌桩是用于加固饱和软黏土低地基的一种方法，它利用水泥作为固化剂，通过特制的搅拌机械，在地基深处将软土和固化剂强制搅拌，利用固化剂和软土之间所产生的一系列物理化学反应，使软土硬结成具有整体性、水稳定性和一定强度的优质地基。

（四）常规机械开槽施工

软土开挖工程，即要求将软土挖出，达到设计深度、宽度及整出边坡形状，一般采用低比压推土机、水陆两用挖掘机、挖泥船或清淤机进行开挖。但实际施工中，为了充分利用现有机械，降低施工成本，常规土方机械中的推土机、挖掘机可进行部分作业，特别是对小面积、小规模的软土开挖作业，是很有实用意义的，施工方法如下：

1.推土机作业

以干燥段沟底为起点，采取轻铲小负荷，一铲一趟，斜向推送，类似蚕食桑叶，从软土段边缘开始，逐渐往里，最后将全部软土挖掉。

在软土厚度小于60 cm、下层是较密实的硬土、两端干燥的情况下，可采用此种推土机施工，但施工时应注意以下几点：①推土机行驶中尽量避免停驶、换挡、制动和转向，以免打滑陷车；②铲土量不能贪多，尽量少推快推，边推边清理，保持作业面平整，不留残土淤泥；③作业面不宜太大，集中机械分段施工，做到当日开挖，当日成型；④做好排水工作，将先挖的土修成土围堰以便堵截外水。

2.挖掘机作业

当施工作业面有硬土层可利用时，常规挖掘机可进行软土开挖，根据硬土层位置可采取沟底开挖或沟边开挖。

例如，作业剖面土质分布下硬上软，挖掘机可先在相邻干土地段开挖作为基点，采用正铲或拉铲向前开挖，挖土弃于沟的两岸或装车运走。作业时，可先换用较大铲斗，将软土挖掉，然后改用有齿的铲斗挖掘硬土，在工作面高度大于合理挖掘高度时，应分层开挖。同时，应避免斗臂水平转角加大。

如作业面土为上硬下软，即软土层表层有足以供机车行驶作业的硬土，则可让挖掘机停在硬土上用反铲、拉铲或抓斗在沟边进行开挖作业，挖掘停车位置可视沟的开挖宽度和硬土层情况设在沟的端部、角部或边侧。

三、高速公路膨胀土地区路基施工

高速公路膨胀土地区路基施工应注意以下几点：

①在膨胀土地区路基施工前，按图纸和监理工程师的要求，修筑长度不小于200 m全副路基宽度的试验段，应确定膨胀土路堤施工中的石灰掺量、松铺厚度、最佳含水率、

碾压机具以及全部施工工艺,试验结果应报监理工程师批准。

②当路堤高度不足 1 m 时,必须挖去地表 300～600 mm 的膨胀土,换填非膨胀土,并按规定压实。当地表潮湿时,必须挖去湿软土层,换填碎砾石土、沙砾或坚硬岩石碎渣;或将土翻开,掺石灰稳定并按规定压实,一般换填深度可控制在 1.2 m 左右。

③填土路堤不得采用强膨胀土填筑。高速公路采用中、弱膨胀土作路床填料时,应做改性处理。改性处理后要求胀缩总率不超过 0.7,并按试验段报告要求施工。弱膨胀土作填料只能填在路堤下层及中层,边坡表面及路基顶面应以非膨胀性土或石灰改性膨胀土包边,包边厚度应符合图纸规定。

④膨胀土地区的路堑施工,路床应超挖 300～500 mm,并应立即用非膨胀土或改性土回填,后按规定压实。

⑤用改性的膨胀土填筑时,应加强土的粉碎和注意与石灰拌和的均匀性。压实机具应选用重型压路机或振动压路机。碾压时,直线段由两边向中央碾压,超高段由内侧向外侧碾压。考虑到膨胀土路堤的沉降,路堤两侧应各加宽 300～500 mm。

⑥膨胀土地区路基施工,应避开雨季作业,路堤填筑要连续进行。路堤或路堑两侧边坡的防护封闭工程必须及时完成,做好膨胀土路基的防水、排水工作。

⑦膨胀土地区路基压实标准应符合要求。

四、黄土地区路基施工

黄土地区路基施工应注意以下几点:

①黄土路堤应分层填筑,分层压实,大于 10 cm 的土块必须打碎,并应在最佳含水率范围内碾压密实。

②路基范围内的回填及碾压的压实度均应符合土方路基压实度标准。

③湿陷性黄土路基应采用拦截、排除地表水等措施,并防止地表水下渗。其地下排水构造物及地面排水沟渠必须采取防渗措施。

④对于 Ⅱ 级以上湿陷性黄土地基,应在填筑前进行碾压或采用强夯石灰桩挤密、填土等加固处理。

⑤黄土陷穴地区的路基施工,应对路堤或路堑边坡上侧 50 m、下侧 10～20 m 以内的陷穴进行处理。承包人应将陷穴的位置、埋藏深度及大小、所采取的处理措施报监理

工程师批准。

⑥对路基路床的陷穴应封堵进口，引排周围地表水，使水不再流向陷穴，并回填砾石夯实或灌注混凝土等。

五、盐渍土地区路基

盐渍土地区路基施工应注意以下几点：

①盐渍土路基的施工宜在干旱季节进行。施工前应对该地区地表土层 1 m 内的土质含盐性及含盐量进行控制检测，并报监理工程师审查。

②盐渍土路堤应分层填筑、分层碾压，每层松铺厚度不大于 200 mm，并严格控制含水率，不得大于最佳含水率 1 个百分点。

③盐渍土路基的施工应分段一次完成。自清除基底含盐量较大的表土开始，连续施工，一次做到路床设计标高。

④当基底含水率超过液限的土层厚度在 1 m 以内时，必须全部换填渗水性土，并应在路堤下部设置封闭隔水层。

⑤施工中应首先做好排水系统，不应使路基及其附近有积水。无论是填筑黏性土或换填渗水性土，其压实度均应符合土方路基压实度标准。

第四节　高速公路路基压实

一、高速公路土质路基的压实

土质路基的压实过程，其本质上是土体在压力作用下，克服土颗粒间的内聚力和摩擦力，使原有结构受到破坏，固体颗粒重新排列，大颗粒之间的间隙被小颗粒所填充，变成密实状态，达到新的平衡。在施工作业中，表现为土壤的体积被压缩，而达到一定程度后，这个过程不再持续。这是因为在颗粒重新排列后，土中气体被挤出，由快变缓，最终趋于结束。这时，作用于土体的压力只能引起弹性变形，而压力过大时，则可能使土壤产生剪切破坏，影响土体强度。

（一）影响压实效果的主要因素

影响路基压实效果的因素是多方面的，有内因也有外因，但与施工作业有关的主要因素有以下几点：

1.土的含水率

任何有黏结力的土，在不同的湿度下，用同样压实功能来挤压将获得不同的密实度和不同的强度。压实开始时，原状土相对湿度低，土颗粒之间的内摩阻力大，因而外力难于克服，故压实的干密度小，表现出土的强度高、密度低；当相对湿度缓慢增加时，水分在土粒间起润滑作用，使被压材料（土粒）得以重新调整其排列位置，达到较紧密的程度，但与此同时，由于水的作用，内摩阻力有所减小，因而强度继续下降。当含水率继续增加，超过最优值时，水的润滑作用已经足够，水分过多，使起润滑作用以外多余水分进入土粒孔隙中，反而促使土粒分离而不易得到良好的压实效果，从而降低了土的干密度。又由于土粒间距增大，内摩阻力与黏结力减小，土的强度也随之减小，在压实曲线中出现驼峰形式。这就是说，在一定功能的压实作用下，含水率的变化会导致土的干密度随之变化，在某一含水率（最佳含水率）下，干密度达到最大值（最大干密度）。

2.土的性质

不同土质的压实性能差别较大。一般来说，非黏性土的压实效果较好，而且最佳含水率较小、最大干密度较大，在静力作用下压缩性较小，在动力作用下，特别是在振动作用下很容易被压实；黏质土、粉质土等分散性土的压实效果较差，主要是由于这些细分散性的土颗粒的比表面大、黏聚力大、土粒表面水膜需水量大，最佳含水率偏高，而最大干密度反而偏小。

3.压实功能

压实功能是由碾压（或锤击）的次数及其单位压力（或荷重）所决定的，若在一定限度内增加压实功能，则可降低含水率数值，提高最佳密实度的数值。

土在不同压实功能作用下的压实性质，是决定压实工作量和选择机具、选择施工方法的依据。

事实上，对任何一种土，当密实度超过某一限值时，若要继续提高它的密实度，降低含水率值，往往需要增加很大的压实功能。而过分加大压实功能，不仅密实度增加幅度小，还往往因所加荷载超过土的抵抗力（即土受压部位承受压力超过土的极限强度）而导致土体破坏。因此，对路基填土的压实，在工艺方法上要注意不使压实功能太大。

4.碾压时的温度

在路基碾压过程中，温度升高可使被压土中的水黏滞度降低，从而在土粒间起润滑作用，易于压实；但气温过高时，又会由于水分蒸发太快而不利于压实。温度低于 0 ℃时，因部分水结冰，产生的阻力更大，起润滑作用的水更少，因而也得不到理想的压实效果。

5.压实土层的厚度

土受压时，能够以均匀变形的深度（即有效压实深度）近似等于两倍的压模直径或两倍的压模与土接触表面的最小横向尺寸，超过这个范围，土受到的压力急剧变小，并逐渐趋于零，可认为此时土的密实度没有变化。

6.地基或下承层强度

在填筑路堤时，若地基没有足够的强度，路堤的第一层难以达到较高的压实度，即使采用重塑压路机或增加碾压遍数，也只能是事倍功半，甚至使碾压土层起弹簧。因此，对于地基或下承层强度不足的情况，填筑路堤时通常采取以下措施处理：①填筑路堤之前，应先碾压地基；②若地基有软弱层，则应用沙砾（碎石）层处理地基；③路堑处路槽的碾压，先应铲除 30~40 cm 原状土层并碾压地基，再分层填筑压实。

7.碾压机具和方法

压实机具和方法对压实的影响反映在以下几个方面：

第一，压实机具不同，压力传布的有效深度也不同。一般地，夯击式机具的压力传布最深，振动式次之，碾压式最浅。根据这一特性即可确定各种机具的最佳压实度。

第二，压实机具的质量较小时，碾压遍数越多（即时间越长），土的密实度越高。但密实度的增长速度则随碾压遍数的增加而减小，并且密实度的增长有一个限度，达到这个限度后，继续以原来的施压机具对土体增加压实遍数则只能引起弹性变形，而不能进一步提高密实度（一般碾压遍数在小于或等于 6 时，密实度增大明显，6~10 遍增长较慢，10 遍以后稍有增长，20 遍后基本不增长）。压实机具较重时，土的密实度随碾压遍数增加而迅速增加，但超过某一极限后，土的变形即急剧增加而达到破坏，机具过重以至超过土的强度极限时，将立即引起土体破坏。

第三，碾压速度越高，压实效果越差。应力作用速度越高，变形量越小，土的黏性越大，影响就越显著。因此，为了提高压实效果，施工时碾压设备必须保持在合适的行驶速度。

（二）压实标准与碾压控制

1.压实标准

压实标准包括两个方面：一是确定标准干密度的方法；二是要求的压实度。

标准干密度的确定，主要是采用重型击实试验法。土的最大干密度是土压实的主要指标，与路基的强度和稳定性有密切的关系，一般作为压实质量评价的依据。在路基压实施工中，由于受各种因素的影响和限制（气候、土的天然含水率等），所施工的路基实际干密度不能达到室内重型击实试验求得的最大干密度。但是为了保证压实质量的基本要求，必须规定压实后土基压实度范围。

2.路基压实工作的控制与检验

（1）确定不同种类填土的最大干密度和最佳含水率

高速公路系带状构造物，一条公路往往连绵数十千米甚至上百千米。用于填挖路基的沿线土石材料的性质往往发生较大变化。在路基填筑施工之前，必须对主要取土场（包括挖方利用方）采取代表性土样，进行土工试验，用规范规定方法求得各个土场土样的最大干密度和最佳含水率，以便指导路基的压实施工。

（2）正确选择和使用压实机械

①压实机械的选择

压实机械的类型和数量选择是否恰当，直接关系到压实质量和工效，选择时应综合考虑以下几点：

第一，土的性质、状态。不同的压实机械对不同土质的压实效果不同。如对于砂性土，以振动式机械效果最好，夯击式次之，碾压式较差；对于黏性土，则以碾压式和夯击式较好，而振动式较差甚至无效。同时，压实机械的单位压力不应超过土的强度极限，否则会立即引起土基破坏。选择机械时，还应考虑土的状态及对压实度的要求。一般地，土的含水率小，压实度要求高，应选择重型机械，反之可选轻型机械。

第二，压实工作面。当工作面较大时，可采用碾压机械，较狭窄时宜用夯实机械。

第三，机械的技术特性与生产率。选择机械类型、确定机械数量时应考虑与其他工序的配合，使机械的生产能力互相适应。

②压实机械的使用

为了能以尽可能小的压实功获得良好的压实效果，在压实机械的使用上应注意以下两点：

第一，压实机械应先轻后重，以便能适应逐渐增长的土基强度。

第二，碾压速度宜先慢后快，以免松土被机械推走，形成不适宜的结构，影响压实质量，尤其是黏性土，高速碾压时，压实效果明显下降。通常压路机进行路基压实作业行驶速度在 4 km/h 以内为宜。

此外，在路基土的压实中，除了运用不同性能的各种专用压实机械，还应特别注意尽可能利用其他土方施工机械和运输车辆进行分层压实，有计划、有组织地利用运土车辆碾压填方土料。施工中要注意采用合理的技术措施，一般应控制填土厚度不大于 30 cm，并用推土机或平地机细致平土，控制合适的含水率；同时，还要在机械的运行线路上使各次行程能大体均匀分布到填土土层表面，保证土层表面全部被压到。

（3）分层填筑、分层碾压

①分层填筑

一方面要把握每层填土厚度的大小。填土层厚度过大，其深部不能获得要求的压实度；填土层厚度过小，会影响工作效率和经济效益。一般认为，对于细粒土，用 12～15 t 光轮压路机时，压实厚度不得超过 25 cm，用 22～25 t 振动（包括液压振动）压路机时，压实厚度不超过 60 cm。

②分层碾压

碾压前应对填土层的松铺厚度、平整度和含水率进行检查，符合要求后方可进行碾压。分层碾压的关键是控制碾压遍数。在大规模施工前，取 100～200 m 路基填筑作试验段，确定达到要求压实度所需的碾压遍数。

（4）全宽填筑、全宽碾压

填筑路基时，应要求从基底开始在路基全宽度范围分层向上填土和碾压。压实路线为直线段，宜先两侧后中间，小半径曲线段由内侧向外侧，纵向进退式进行；横向接头，对振动压路机一般重叠 0.4～0.5 m，对三轮压路机一般重叠轮宽的 1/2，前后相邻两区段（碾压区段之前的平整，预压区段与其后的检验区段）宜纵向重叠 1.0～1.5 m，使路基各点都得到压实，避免土基产生不均匀沉陷。以往的施工实例表明，凡不注意全宽碾压的，当路堤填筑到一定高度时，均出现程度不同的纵向裂缝，严重的还影响到路面，使之也出现纵向裂纹。

使用夯锤压实时，第一遍各夯位宜紧靠，如有间隙则不得大于15 cm，第二遍夯位应压在第一遍夯位的缝隙上，如此连续夯实，直至达到规定的压实度。

（5）加强质量检查

①填方地段基底

路堤填筑前应对基底进行压实，高速公路路堤基底的压实度不应小于90%，当路堤填土高度小于路床厚度（80 cm）时，基底的压实度不宜小于路床的压实度标准。

②路堤

每一压实层均应检验压实度，合格后方可填筑其上一层，否则应查明原因，采取措施进行补压。检验频率为每2 000 m²检验8点，不足2 000 m²时，至少应检验8点，必要时可根据需要增加检验点，必须每点都符合规定值。

③路堑路床。零填及路堑路床的压实，应符合其压实标准的规定，换填超过3 m时，按90%的压实标准控制。

④桥涵处填土。桥台背后、涵洞两侧与顶部、锥坡背后的填土均应分层压实、分层检查，检查频率为每50 m²检验1点，不足50 m²时至少检验1点，每点都应合格。每一压实层松铺厚度不宜超过15 cm。高速公路桥台、涵身背后和涵洞顶部的填土压实度，从填土基底或涵洞顶部至路床顶面均为96%，以确保不因密实度不足而产生错台，影响行车速度与安全。

桥涵处填土的压实采用小型的手扶振动夯或手扶振动压路机，但涵顶填土50 cm内，应采用轻型静载压路机压实，以达到规定的压实度为准。

（三）现场压实度的评定

正确评定施工现场路基土的压实度，必须解决现场准确测定密度和含水率的问题，然后根据检测数据，利用数理统计方法作出评定。

1.现场测定土的密度

压实度由标准干密度和现场压实后的干密度所决定。一般来说，对某种土类的标准击实密度变化是不大的，由此可知压实度与现场实测的密度有着密切的关系。根据试验资料，一般土的最大干密度介于1.7 g/cm³至1.9 g/cm³之间。如果以压实度为96%要求值考虑，则压实度差 1%时，反映在干密度的绝对值只差 0.017~0.019 g/cm³。因此，要求准确测定土基的现场压实密度，这对正确评定压实度尤为重要。

当前现场测定路基土密度的主要方法有：

（1）环刀法

环刀法是一种破坏性的量测方法。其优点是设备简单、使用方便，但只适合测定不含集料的黏性土密度。

（2）灌砂法

灌砂法是一种破坏性量测方法，它适宜于细粒土、中粒土的密实度测定。试验时先在拟测量的地点以层厚为开挖深度凿一试洞，开挖时仔细将全部土料收集于一个带盖容器中，并采取密封措施使其含水率不致受损失，及时称质量和取有代表性的样品作含水率试验，然后采用灌砂法测定试洞的容积。

（3）利用核子密度计测定

这是一种非破坏测定方法，它利用放射性元素（γ射线和中子射线）测量土的密度和含水率。这些仪器能在现场快速测定土基密度、含水率，满足施工现场土基压实度快速、无破损检测的要求，同时还具有操作方便、明显直观的优点。

2.压实质量的评定

根据所测的压实度如何评价某一路段的压实效果，规范中提出了压实度要求值，而没有明确提出具体评价的方法。现场测量干密度和实验室条件差别较大，特别是现场土质的变化，即使是小的变化都将导致压实度发生变化，用灌砂法测定现场密度是逐个试洞进行，各试洞都受土质、施工均匀性影响极大。即使试洞布置很密，所得干密度也不可能相同，这主要是由各层铺筑、碾压及含水率等不均匀，以及土质的变化引起的。

现场施工质量控制中，主要有如下两种方法：

（1）合格率法

合格率法即将各测点所得的干密度与压实度规定的最低干密度进行比较，达到者即为合格，然后计算合格点数的百分比。此法的特点是通俗易懂，易于被人接受，也能大致看出施工与碾压的质量水平；缺点是概念过于简单，当全部合格时，则无法比较不同施工路段的压实质量。这里还应注意的是，现场密度检验的数量，往往是数百米才检验一次，即使每次测量的结果都等于规定的压实度，也并不能肯定整个路段任何部位的压实度都满足规定值要求。

（2）数理统计法

从某一总体中取出样本进行试验，或对一总体的个别部分进行测量（如采点进行压实干密度测量），可得到测量值总共几个数值，然后通过数理统计求得几个压实度值的平均值和标准偏差（或称均方差）。平均值反映路基压实度的分布位置，而标准偏差反映几个数据的分散程度，从而可按保证率要求评价该段路基的压实质量。

3.现场评定压实质量

由于现场压实质量存在不均匀性，即现场密度测定所求出的平均压实度小于标准值时，包含了整体中部分的不合格点在内。检验路段试验资料计算的标准偏差愈小，说明该路基压实质量均匀性愈高，要求的概率愈大，允许的误差范围愈小，则需要的试验数据就愈多。因此利用平均值来评定现场压实度时，尚应考虑一个保证率系数，从而得出某一保证率条件下的变动范围。高速公路保证率系数为95%。

二、高速公路填石、土石混填及高填方路堤的压实

（一）填石路堤

在填石路堤施工过程中的每一压实层，可用试验路段确定的工艺流程和工艺参数控制压实过程，用试验路段确定的沉降差指标检测压实质量。

填石路堤在压实之前，应用大型推土机摊铺平整。个别不平处应用人工配合以细石屑找平，使石块之间无明显高差台阶，以便于压路机碾压，或使夯锤下坠到地面时受力基本均匀，不致使夯锤倾倒。

填石路堤填料石块本身是密实而不能压缩的，压实工作是使各石块之间的松散接触状态变为紧密咬合状态。由于石块粒径较大、质量较大，必须选用工作质量18 t以上的重型振动压路机、工作质量2.5 t以上的夯锤或25 t以上的轮胎压路机压（夯）实，才能达到规定的紧密状态。用振动压路机或夯锤压实能在压实时产生振动力和冲击力，可使石块产生瞬时振动而向紧密咬合状态移位，其压实厚度可达1.0 m。当缺乏上述两种压实机具，只能采用重型静载光轮压路机或轮胎压路机压实时，应减少每层填筑厚度和石料粒径，其适宜的压实厚度和粒径应通过试验确定，但不应大于50 cm。

填石路堤应先压两侧后压中间，压实路线对于轮碾应纵向互相平行，反复碾压；压

实路线对于夯锤应成弧形,当夯实密实程度达到要求后,再向后移动一夯锤位置。行与行之间应重叠 40～50 cm,前后相邻区段应重叠 1.0～1.5 m,其余注意事项与土质路基压实相同。

(二)土石混填路堤

土石混填路堤的压实方法与技术要求,应根据混合料中巨粒土的含量百分比确定。当混合料中巨粒土(粒径大于 200 mm 的颗粒)含量多于 70%时,其压实作业接近于填石路堤,应按填石路堤的方法和要求进行;当混合料中巨粒土的含量低于 50%时,其压实作业接近于填土路堤,应按前述填土路堤的方法和要求进行。

土石路堤的压实度可采用灌砂法或水袋法检测。其标准干容重应根据每一种填料的不同含石量用重型击实法求得的最大干容重作出标准干容重曲线,然后根据试坑挖取试样的含石量,从标准干容重曲线上查出对应的标准干容重。当采用灌砂法或水袋法检验有困难时,可根据填石路堤的方法进行检验,即通过 18 t 以上振动压路机压实试验,当压实层顶面稳定,不再下沉(无轮迹)时,可判定为密实状态。

土石路堤的压实度标准,可采用灌砂法或水袋法检验,并应符合填土路堤的压实度要求,也可按填石路堤的方法检验,并应用灌砂法或水袋法判定压实度是否合格。

(三)高填方路堤

高填方路堤的基底承受路堤土本身的荷载很大,因此对基底应进行场地清理,并按照设计要求的基底承压强度进行压实。设计无要求时,基底的压实度不应小于 90%。当地基松软,仅依靠对厚土压实不能满足设计要求的承压强度时,应进行地基加固处理,以达到设计要求;当基底处于陡峻山坡上或谷底时,应作挖台阶处理,并严格分层填筑压实;当场地狭窄时,压实工作应采用小型的手扶式振动压路机或振动夯进行;当场地较宽广时,应采用自行式 12 t 以上的振动压路机碾压。

第五节　高速公路路基排水施工

一、高速公路地面排水

地面排水设施主要有边沟、截水沟、排水沟以及跌水与急流槽等。

（一）边沟（侧沟）

设置在路堑路肩两侧或路堤的坡脚外侧，用以汇集和排除路基范围内及流向路基方向的少量地面水的沟槽叫作边沟。边沟的断面形式一般有梯形、三角形和矩形。

梯形边沟边坡靠路基一侧为 1∶1～1∶1.5，另一侧与路堑边坡相同；三角形边沟边坡一般为 1∶2～1∶4；矩形边沟用于石质地段或用块石铺砌时，边坡可以直立，也可稍有倾斜，边沟深度一般取 0.4～0.8 m，边沟底宽不应小于 0.4 m，在水流较多的情况下需适当加宽或加深。

一般情况下，边沟不宜与其他沟渠合并使用。为控制边沟中的水流不致过多，可以充分利用地形，在较短距离内即将边沟水排至路旁洼地、沟谷或河道内，一般每隔 300～500 m 设一道涵沟，用以及时将边沟水排至路基范围的外侧。

通常边沟的纵坡与路线纵坡相同，但不宜小于 0.2%～0.5%，以免水流阻滞和使边沟淤塞。当纵坡大于 3%时，应对边坡进行加固；当纵坡超过 7%时，流速变大而冲刷严重，可采用跌水或急流槽的形式缓冲水流。另外在平曲线区段内，应注意使边沟纵坡与平曲线平顺衔接，以保证水流畅通。在路基外侧，边沟开挖深度应适当加大，保证不致因平曲线引起边沟纵坡坡度变小而妨碍水流。在平曲线段内调整边坡确有困难时，也在平曲线上游段适当增设涵洞，减少曲线段边沟的水流量。

边沟的出水口必须妥善处理。在路堑路堤结合处，应设排水沟沿路堑山坡将水流引出路基以外，以免冲刷填方边坡；或者用跌水、急流槽把水直接引到填方坡脚外。当边沟的出口与涵洞间高差较大时，可以在涵洞进水口前设雨水井，或根据地形情况，急流槽与跌水并用将水流引入涵洞。若边沟出水口有桥头翼墙等建筑物，也可以用急流槽或跌水将水接引入河道。

（二）截水沟

截水沟应设在路基横坡上方的边坡上，垂直于水流方向（大致与线路平行），以截拦外部水流，并引入他处，保证路基不致受到冲刷。截水沟必须排水迅速，不得在沟内积水或沿沟壁土层渗水，否则会加剧路基病害，并可能成为边坡塌方的顶边线。所以，截水沟应设有合适的纵坡度，最小不应小于 0.2%～0.5%，也不可超过 3%，否则会使截水沟边坡冲刷严重。一般纵坡度取用 1%，沟内应适当加固，以保证不渗水，在转弯处用平顺的曲线相连接，保证水流畅通。

截水沟的横断面形状多为梯形，底宽不应小于 0.5 m，深度应根据拦截的水流量确定，不宜小于 0.5 m。边坡坡度视土质而定，一般土质可取 1∶1～1∶1.5。

山坡路堤上方的截水沟，应布置在路堤坡脚以外约 2 m 处，截水沟与路堤之间修筑护坡道，顶面以 2% 的横坡向截水沟倾斜，如有取土坑，则在坑内挖沟，并加以修整。

如果路堑边坡坡顶边缘至分水岭的山坡不宽，坡度较缓，降雨量也不大，土质良好且植被茂密，此时也可不设截水沟；反之，如坡面很长，降雨量又大，根据具体情况，可设一道或几道大致平行的截水沟，以分段拦截地面流水。

截水沟也应设有可靠的出水口，需要时应设排水沟、跌水或急流槽，将水引至自然沟及桥涵水流进口处。

（三）排水沟

设置排水沟的目的在于将水流从路基排泄至低洼地或排水设施中。因此，其位置与地形等条件有关，灵活性较大。路堤有取土坑时，应挖成畅通的沟槽，起排水作用；没有取土坑时，应在路基横向坡度上方一侧或横坡不明显而路堤较低的情况下，在路基的两侧挖纵向排水沟，用以截引流向路基的地面水流，不使滞积而危害路基。

排水沟一般为梯形断面，底宽不小于 0.5 m，深度根据流量而定，边坡坡度视土质情况取 1∶1～1∶1.5，排水沟应尽量做成直线，如必须做弯，其曲线半径不宜小于 10～20 m。排水沟长度根据地形情况视需要而定，当排水沟水流流入河道或其他沟渠时，应使水流平顺流畅。

（四）跌水与急流槽

当排水的高差较大、距离较短或坡度陡峻时，应采用跌水和急流槽的形式，以防止过高流速的水流冲刷。

从水力计算特点出发，跌水和急流槽的构造分为进水、缓冲、出水三部分。跌水和急流槽一般用石砌或混凝土筑成，要求基础牢固，不渗水。

二、高速公路地下排水

为拦截、汇集和排除路基地下水、降低其水位而设置的地下排水设施有暗沟（盲沟）、排水管和排水涵洞几种形式，它们可以布置在路基的不同部位。

地下水排水设施设置，应分析地下水侵入路基土体的途径，抓住关键矛盾，有针对性地采取措施。路基土渗透水的途径主要有以下几项：①从与道路相连接的高处向路堤渗透；②由地下水通过毛细作用向上渗透；③路面水向下渗透；④由于路边土和路基土含水率不同而产生的抽吸渗透；⑤路基土对地下水的抽吸；⑥通过土孔隙，地下水蒸气上升。

针对具体情况，可采用不同形式的排水设施。暗沟是常用的一种地下排水设施，其设置深度不应小于当地土壤冰冻深度，以保证冬季也起排水作用。填料应选用有较好透水性能的材料，常用的有碎石、砾石、粒砂等，选择时应考虑其级配和形状应有利于增强渗透能力。

总之，排水系统设计应根据降雨强度、地下水、地形、地质等情况综合考虑，合理布局，地面排水与地下排水应为一个完整有机的结合体。

第六节　高速公路路基防护与加固

一、高速公路坡面防护

（一）植被防护

植被工程是指用植物所做的防护工程，其主要方法是种草、铺草皮和植树等，简单易行且又经济有效，目的是减缓地面水流速，调节表层土的水温状况，植被根系深入土中，在一定程度对表土层起着固结作用。

1.种草

种草适用于边坡稳定、坡面冲刷轻微的路堤或路堑边坡，一般要求边坡坡度不大于1∶1，边坡地面水径流速不超过 0.6 m/s。长期浸水的边坡不宜采用此法。

采用种草防护，对草籽进行选择时应注意当地的土壤和气候条件，通常应以容易生长、根部发达、叶茎低矮或有匍匐茎的多年生草种为宜，最好采用几种草籽混合播种，使之生成一个良好的覆盖层。

播种的坡面应平整、密实、湿润，播种方法有撒播法、喷播法和行播法等。采用撒播法时，草籽应均匀撒布在已清理好的土质边坡上，同时做好保护措施。对于不利于草类生长的土质，应在坡面上先铺一层种植土，路堑边坡较陡或较高时，可将草籽与含肥料的有机质泥浆混合，用喷播法将混合物喷射于坡面。采用行播法时，草籽埋入深度应不小于 5 cm，且行距应均匀。

播种应在温度较高、湿度较大的季节进行，播种前应在路堤的路肩和路堑的堑顶边缘埋入与坡面齐平的、宽 20～30 cm 的带状草皮。播种后，应适时进行洒水、施肥、除草等养护管理，直到植物覆盖坡面。

2.铺草皮

铺草皮适用于各种土质边坡。特别是当坡面冲刷比较严重，边坡较陡（可达 60°），径流速度大于 0.6 m/s 时，采用铺草皮防护比较适宜。铺草皮的方式有平行于坡面的平铺、水平叠置、垂直坡面或与坡面成一半坡角的倾斜叠置，以及采用片石铺砌成方格或拱式边框，方格式框内铺草皮等，可根据具体条件（坡度与流速等）选用。

铺草皮需预先备料，草皮可就近培育，切成整齐块状，然后移铺在坡面上。铺时应自下而上，并用竹木小桩将草皮钉在坡面上，使之稳定。草皮根部土应随草切割，坡面要预先整平，必要时还应加铺种植土，草皮应随挖随铺，注意相互贴紧。

铺草皮前，应将边坡表面挖松整平，尽可能在春、秋季或雨季进行，随挖随铺，这样成活率较高。不宜在冰冻时期或解冻时期施工。路堑边坡铺草皮时，应铺过路堑顶部 1 m 或铺至截水沟边。为提高防护效果，在铺草皮防护坡面上，尽可能植树造林，以形成一个良好覆盖层。

3.植树

植树适用于各种土质边坡和风化极严重的岩石边坡，边坡坡度不大于 1∶1.5。在路基边坡和漫水河滩上植树，对于加固路基与防护河岸均有良好的效果，可以降低水流速度。在河滩上植树，可促使泥沙淤积，防止水流直接冲刷路堤。在风沙和积雪地面、林带植树，可以防沙、防雪，保护路基不受侵蚀。此外还可美化路容，调节气候。

植树防护宜选用在当地土壤与气候条件下能迅速生长、根系发达、枝叶茂密的树种。用于冲刷防护时宜选用生长很快的杨柳类，或不怕水淹的灌木类。种植后在树木未成长前，应防止流速大于 3 m 的水流侵害，必要时应在树前方设置障碍物加以保护。植树防护最好与种草结合使用，使坡面形成一个良好的覆盖层，这样才能更好地起到防护作用。高速公路边坡上严禁种植乔木。

（二）坡面处治

抹面防护适用于易风化而表面比较完整、尚未剥落的岩石边坡，如页岩、泥岩、泥灰岩或千枚岩等，目的是防止表面风化成害。通常的做法是用石灰炉渣的混合灰浆、三合土或四合土（三合土为石灰、炉渣、黏土按一定比例混合而成，四合土则另加河沙）进行抹面，作业前，应对被处治的边坡加以清理，去掉风化层、浮土、松动石块，并填坑补洞，洒水湿润，以利牢固耐久，抹面后还要进行养生。

喷浆是一种施工简便、效果较好的方法，适用于容易风化和坡面不平的岩石边坡处治，喷射材料可以是水泥砂浆和混凝土，其厚度一般为 5~10 cm。对于气候条件恶劣或寒冷地区，应适当加厚，喷浆前也应对坡面进行清理，有条件的可将铁丝网固定在边坡上，之后进行喷浆。对于一般不重要的工程，可以采用水泥、石灰、河沙混合浆喷射，比较经济。

勾缝适用于比较坚硬但节理裂缝多而细的岩石边坡处治,主要是防止水侵入岩层内造成病害。灌浆则适用于坚硬但裂缝较深和较宽的岩石边坡处治,能够借助砂浆或混凝土使坡面表层形成一防水整体。

嵌补主要用于补平坡面岩石中的较大凹坑,以防岩面继续破损碎落,保证整个边坡稳定。材料多使用浆砌块石,也可根据需要用钢筋穿牢,再灌入水泥混凝土。

(三)结构物防护

结构物防护即用片石、块石、圆石或水泥混凝土预制块铺砌护坡,其主要目的是在小于1∶10的缓坡上防止坡面风化和被侵蚀,用于没有黏结力的砂土、硬土,以及易于崩塌的黏土等地段。

砌石有单层和双层两种形式,方法有干砌或浆砌两种。

用结构物防护还可采用护面墙的形式,作为浆砌石铺层的覆盖物,多用于封闭各种软质岩层的挖方边坡,以防止严重风化;或设在破碎岩层上,防止碎落;也有设在较软夹层面上的(如粉砂、细砂或坡积层),防止碎落成凹坑。显然,这种方法比抹面等护坡措施要求更高,作用也更明显,但又不像挡土墙那样能承受压力作用,护面墙只能承受自重作用,所以要求被防护的边坡必须是稳定的。

二、高速公路挡土墙

(一)挡土墙的种类及适用范围

靠回填土的一面为墙背,暴露在外的一侧为墙面(或称墙胸),墙的基底称为基脚,有时另设基础,基脚或基础外侧前缘部分称为墙趾,内侧外缘为墙踵。

挡土墙按位置不同,可分为路肩、路堑、路堤和山坡式四种,其中路肩或路堤挡墙设在较陡山坡上,可保证填方稳定,缩小占地宽度,减少填方量,不拆或少拆原有建筑物。沿河路堤还可少占河床,防止水流冲刷路基。路堑或山坡式挡墙则可以少挖方,避免破坏原地层的天然平衡,降低边坡高度,放缓边坡,并支挡边坡,保证边坡的稳定。

（二）挡土墙构造与布置

重力式挡土墙因其墙背不同，有仰斜式、俯斜式、垂直式几种形式。

仰斜式挡土墙所受土压力较小，墙身断面较为经济，用作路堑挡墙时，墙背与开挖的临时边坡比较吻合，开挖和回填的土石方量较少。但当墙趾处的地面横坡较陡时，如果采用这种形式，则会增高墙身和加大断面尺寸。因此，仰斜式挡土墙适宜作为路堑挡墙，也可用作墙趾处地面平坦的路肩挡墙或路堤挡墙。

俯斜式挡土墙所受土压力较大，通常在地面横坡较陡时选用，以利用陡直的墙面与填料之间的摩擦力，有利于减小墙高。如做成台阶式，还可提高墙背挡墙的稳定性。俯斜式挡土墙适宜作路肩或路堑挡墙，是常用的挡墙形式之一。

垂直式挡土墙，在其墙背上设有衡重平台，上墙俯斜，下墙仰斜，适宜作为陡坡上的路肩或路堤挡墙，也可作为路堑挡墙。因为墙身上设有平台，借助于上面填方的垂直压力，有利于墙的稳定，而且下墙仰斜，易与挖方边坡相吻合。上、下墙高比例与平台宽度以及上、下墙背斜坡有关，依照断面经济的原则，一般可取 2∶3。

第七节　高速公路冬、雨期路基施工

高速公路冬、雨期路基施工应注意以下几点：①冬、雨期施工应根据季节特点和施工段的地质地形条件，制定合理的施工方案；②冬、雨期施工应做好临时排水，并与永久排水设施衔接顺畅；③冬、雨期施工应加强安全管理，制定安全预案，加强气象信息的收集工作，避免灾害和事故发生；④冬、雨期施工前必须做好各项准备工作。

一、冬期施工

冬期施工应注意以下几点：

第一，在反复冻融地区，当昼夜平均温度低于-3 ℃，且连续 10 d 以上，或者昼夜平均温度虽高于-3 ℃，但冻土没有完全融化时，均应按冬期施工处理。

第二，高速公路土质路堤和地质不良地区不宜进行冬期施工；河滩低洼地带，可被水淹没的填土路堤不宜冬期施工；土质路堤路床以下 1 m 范围内，不得进行冬期施工；半填半挖地段，挖填方交界处不得在冬期施工。

第三，冬期路基施工应采取措施，及时排放雨雪水及路堑开挖时出现的地下水。

第四，冬期施工路基基底处理应符合下列规定：①冻结前应完成表层清理，挖好台阶，并应采取保温措施防止冻结；②填筑前应将基底范围内的积雪和冰块清除干净；③对需要换填土地段或坑洼处需补土的基底，应选适宜的填料回填，并及时进行整平压实；④基底处理后应立即采取保温措施防止冻结。

第五，冬期填方路堤应符合下列规定：①路堤填料应选用未冻结的砂类土、碎石、卵石土、石渣等透水性良好的材料，不得用含水率过大的黏性土；②填筑路堤应按横断面全宽平填，每层松铺厚度应比正常施工减少 20%～30%，且松铺厚度不得超过 300 mm，当天填土应当天完成碾压；③中途停止填筑时，应整平填层和边坡并进行覆盖防冻，恢复施工时应将表层冰雪清除，并补充压实；④当填筑标高距路床底面 1 m 时，碾压密实后应停止填筑，在顶面覆盖防冻保温层，待冬期过后整理复压，再分层填至设计标高；⑤冬期过后必须对填方路堤进行补充压实，压实度应达到相关规范要求。

第六，冬期挖方路基施工应符合下列规定：①挖方边坡不得一次挖到设计线，应预留一定厚度的覆盖层，待到正常施工季节后再修整到设计坡面；②路基挖至路床顶面以上 1 m 时，完成临时排水沟后应停止开挖，待冬期过后再施工。

第七，河滩地段可利用冬期水位低的时机开挖基坑，修建防护工程，但应采取措施保证工程质量。

二、雨期施工

雨期施工应注意以下几点：

第一，路基排水应符合下列规定：①雨期施工应综合规划，合理设置现场防排水系统，采取有效措施，及时引排地面水；②对施工临时挤占的沟渠、河道应采取措施保证不降低原有的排水能力；③路堤填筑的每一层表面应设 2%～4%的排水横坡；④在已填路堤路肩处，应采取设置纵向临时挡水土、每隔一定距离设出水口和排水槽等措施，引排雨水至排水系统；⑤雨期路堑施工宜分层开挖，每挖一层均应设置纵横排水坡，使水排放畅通。

第二，路基基底处理应符合下列规定：①在雨期前应将基底处理好，孔洞、坑洼处填平夯实，整平基底，并设纵横排水坡；②低洼地段应在雨期前将原地面处理好，并将填筑作业面填筑到可能的最高积水位 0.5 m 以上。

第三，填方路堤施工应符合下列规定：①填料应选用透水性好的碎（卵）石土、沙砾、石方碎渣和砂类土等，利用挖方土作填料，含水率符合要求时，应随挖随填及时压实，含水率过大难以晾晒的土不得用作雨期施工填料；②雨期填筑路堤需借土时，取土坑的设置应满足路基稳定的要求；③路堤应分层填筑，当天填筑的土层应当天或雨前完成压实。

第四，挖方路基施工应符合下列规定：①挖方边坡不宜一次挖到设计坡面，应预留一定厚度的覆盖层，待雨期过后再修整到设计坡面；②雨期开挖路堑，当挖至路床顶面以上 300～500 mm 时应停止开挖，并在两侧挖好临时排水沟，待雨期过后再施工；③雨期开挖岩石路基，炮眼宜水平设置。

若结构物基坑在雨期开挖后未能及时施工，应采取防浸泡措施，必要时雨后应对基坑地基承载力再次进行检测，以确定是否满足设计要求。制定雨期施工安全预案，做好防洪抢险的准备工作。

第四章 高速公路桥涵工程

第一节 基础施工

一、施工准备

施工准备包括：进行施工图纸审核，确保桥位、标高设计合理，尺寸无误；加强便道维修与养护，确保便道畅通；现场合理规划泥浆池、沉渣池，满足施工需要和环保要求；控制桩复测，完成各桩位的定位测量放样；平整场地，满足钻机就位和施工操作的需求。

二、钻孔桩施工

（一）钻孔桩基施工

1.场地平整及桩位放样

（1）场地平整

在桩基施工前，对施工现场进行场地平整。场地平整采用推土机进行，保证施工机械的平稳放置及施工现场的文明与安全。

（2）桩位放样

为保证桩基位置的准确性，施工前要进行精确放线。采用全站仪直接测设控制桩位，在测量的精确桩位处设置保护桩。

2.护筒埋设及钻机就位

护筒采用 5 mm 钢板制成，护筒高 3 m，直径比桩径大 20～30 cm，护筒埋深 2.0 m，顶部高出地面 1.0 m，护筒中心与桩位中心偏差不大于 5 cm。护筒埋设好后，钻机就位、稳固、平衡。

旱地护筒安装埋设：采用反铲挖坑埋设，护筒就位后，外侧用黏土回填夯实。护筒与工作平台固定，避免塌孔时护筒沉落或偏斜。

水上护筒安装埋设：在水上平台上，用钻机吊装护筒就位，在护筒顶部支垫方木，用反铲轻压使护筒至淤泥底部，调整护筒位置，使其满足规范要求。再用钻机吊锤将护筒打入基础，埋设深度至淤泥下 1~2 m，测量并调整护筒位置，直至满足要求。

采用反循环钻机造孔，泥浆护壁，泥浆液面高度不低于旱地或水面 1.5~2.0 m，随时检查浆液比重是否符合设计或技术规范的规定。

3. 泥浆制备

泥浆制备采用泥浆搅拌机搅拌，泥浆选择塑性指数大于 25、粒径小于 0.005 mm 的黏粒且含量大于 50% 的黏土制浆，泥浆比重控制在 1.1~1.25。

4. 钻进与清孔

根据现场地质情况，钻孔采用冲击钻机成孔，选派有经验的工程技术人员和管理人员负责钻孔施工。根据不同的地质情况，以合适的钻进速度钻进。钻孔过程中，做好钻孔记录，并对各地层与设计资料进行对比。若发现地质情况与设计不符，及时通知建设方、监理工程师并提出相应措施，经建设方、监理工程师批准后加以处理。

钻孔达到设计深度后，进行孔内的泥浆稀释，利用泥浆泵通过吸浆管持续吸渣 5~15 min 左右，并用测深锤测沉淀层厚度，直到符合规范要求。

5. 钢筋笼制作和安装

按照设计图纸及施工规范要求进行钢筋笼的制作。主筋连接采用机械连接套筒，每间隔 3 m 在钢筋笼四周对称焊接钢筋耳朵，保证钢筋笼有足够的保护层，并在笼顶对称焊接四根钢筋，以备固定钢筋笼。钢筋笼制作完成后，应检查各部尺寸，检查合格后方可使用。

清孔后及时吊放钢筋笼，钢筋笼各段之间的连接采用机械连接套筒，钢筋笼每 8 m 一段，用汽车吊垂直吊入孔内。

6. 混凝土施工

采用导管法浇筑混凝土，对孔的中心位置、孔径、倾斜度、孔深进行检验，清孔、安装钢筋笼后，灌注水下混凝土。

混凝土浇筑前，提前搭设混凝土溜槽，安放储料斗、混凝土导管，导管用 ϕ300 mm

的钢管制成，各导管之间内螺丝连接，每节导管长 2.5 m，同时放置隔水栓。

首批浇筑量要经过严格计算。即导管底部一次埋深 2 m 以上，浇筑混凝土连续进行。混凝土采用集中拌制，罐车运输，罐车直接卸入料斗。

在浇筑过程中要随时测量孔内混凝土面的高度，使导管在混凝土内的埋深在 2~4 m，最大埋深高度不得超过 6 m。浇筑完毕后，在混凝土初凝前拔掉孔口护筒，钻机移位至下一桩位。

7.桩头处理，钻孔检测

待混凝土达到规定强度后，截掉并清除桩顶的不良部分混凝土，直至露出新鲜混凝土，桩头混凝土采用风镐凿除至设计高程。混凝土灌注桩的质量检查采用钻孔取芯法。

（二）钻孔过程中常见问题的预防及处理

1.塌孔

（1）塌孔的表征

塌孔的表征是孔内水位突然下降，孔口冒细密的水泡，出渣量显著增加而不见进尺，钻机负荷显著增加等。塌孔的原因如下：①泥浆比重不够或泥浆其他性能不符合要求，使孔壁未形成坚实护壁泥皮，孔壁渗漏；②孔内水头高度不足，支护孔壁压力不够；③在松软砂层中进尺太快；④提住钻头钻进时，旋转速度过快，空转时间太长；⑤清孔后泥浆比重、黏度等指标降低，反循环清孔，泥浆吸出后未及时补浆；⑥起落钻头时碰撞孔壁。

（2）预防及处理原则

①保证钻孔时泥浆质量的各项指标满足规范要求；②保证钻孔时有足够的水头差，不同土层选用不同的转速和进尺；③起落钻头时对准钻孔中心插入；④回填砂和黏土的混合物到坍孔处以上 1~2 m，静置一定时间后重钻。

2.钻孔偏斜和缩孔

（1）偏斜和缩孔的原因

①钻孔中遇较大的孤石或探头石，扩孔较大处钻头摆动偏向一方；②在有倾斜度的软硬地层交界处，岩石倾斜处钻进或者粒径大小悬殊的砂卵石中钻进，钻杆受力不均；③钻杆刚度不够，钻杆弯曲接头不正，钻机底座未安置水平或产生不均匀沉陷；④在软地层中钻进过快，水头压力差小；⑤全压钻进。

（2）预防和处理

①安装钻机时使底座水平，起重滑轮、钻头中心和孔位中心三者在一条直线上，并经常检查校正；②倾斜的软硬地层钻进时，采取减压钻进；③钻杆、接头逐个检查，及时调整；④遇有斜孔、偏孔时，用检孔器检查探明孔偏斜和缩孔的位置情况，在偏孔、缩孔处上下反复扫孔；⑤偏孔、缩孔严重时回填砂黏土重钻；⑥全过程采用减压钻进方式。

3.掉钻

（1）主要原因

钻进时强提强扭、钻杆接头不良或疲劳破坏，易使钻头掉入孔中。另外，操作不当也易使铁件等杂物掉入孔内。

（2）预防和处理

①小铁件可用电磁铁打捞，钻头的打捞应视具体情况而定，主要采用打捞叉、打捞钩、打捞活套、偏钩和钻锥平钩等器具；②在钻孔过程中除以上几种主要事故外，还需注意防止糊钻、扩孔、偏孔、卡钻、钻杆折断、钻孔漏浆等。

（三）水下混凝土灌注事故的预防及处理

1.导管进水

（1）主要原因

首批混凝土储量不足，或导管底口与孔底间距过大，混凝土下落后不能埋住导管底口以致泥水从底口进入。

（2）处理方法

将导管提出，将散落在孔底的混凝土拌和物用空气吸泥机清除，重新灌注。

2.卡管

（1）主要原因

①初灌时隔水栓卡管，或由于混凝土本身的原因，如坍落度过小、流动性差、粗骨料过大、拌和物不均匀产生离析、导管接缝处漏水、大雨中运输混凝土未加遮盖使混凝土中的水泥浆被冲走、粗骨料集中造成堵塞；②机械发生故障或其他原因使混凝土在导管内停留时间过长，或灌注时间持续过长，最初灌注的混凝土已经初凝，增大了管内混凝土的下落阻力，混凝土堵在管内；③混凝土灌注导管内外压力差不够。

（2）预防措施

准备备用机械，掺入缓凝剂，做好配合比，改善混凝土的力学性能。

（3）处理办法

拔管、吸渣、重灌。

3.坍孔

发生坍孔后，应查明原因并采取相应措施。如保持或加大水头，排除振动源等防止继续坍孔，然后用吸泥机吸出孔中泥土，如不继续坍孔可恢复正常灌注，如坍孔不停止、坍孔部位较深，宜将导管拔出，保存孔位回填黏土，研究处理措施。

三、挖孔桩施工

对于无地下水或者少量地下水，且土层或者风化岩层较密实，则采用人工挖孔桩，桩径1.8 m、1.6 m、1.5 m、1.2 m分别为8根、42根、40根和32根。挖孔桩施工时，根据地质和水文地质情况，制定可行的孔壁支护方案，主要采用混凝土护壁。人工挖孔桩施工工艺如下：

（一）施工准备

平整场地，清除坡面危石浮土。坡面有裂缝或者坍塌迹象时应先加设必要的防护设施，铲除松软的土层并夯实。施测墩台的十字线，定出准确的桩孔位置；设置护桩并经常检查校核；孔口四周挖排水沟，做好排水系统；及时排除地表水，搭好孔口的防雨棚；安装提升设备；布置好出渣道路；合理堆放材料和施工机具，使其不增加孔壁压力，不影响施工。

井口四周用护壁围圈予以围护，第一节护壁高出地面20~30 cm，防止土、石、杂物滚入孔内伤人。若井口地层有较大的渗水量，可采用井点降水法降低地下水位。

（二）挖掘顺序

对于单排桩，采用跳孔开挖。对于有四根桩基的群桩，采用对角开挖。

桥梁的桩基承台采用先挖桩孔、后挖承台座基坑的方式。这样施工有利于排除地表水且施工作业场地宽敞，立架、支撑、提升、灌注等操作都比较方便。

（三）挖孔桩施工工艺流

①桩孔的出渣，采用电动卷扬机扒杆，以减轻工人的劳动强度，提高文明施工程度。

②在挖孔过程中，须经常检查桩孔的尺寸和平面位置，群桩误差不超过 100 mm，排架桩误差不超过 50 mm。直桩的倾斜度不超过 1%，斜桩的倾斜度不超过±2.5%，孔径和孔深必须符合设计要求。

③挖孔时如果有渗水，则应及时进行孔壁支护，防止水在孔壁浸泡流淌，造成塌孔。渗水采用井点降水或者集水泵排。

④桩孔挖掘和支撑孔壁两道工序必须连续作业，不宜中途停顿，以防塌孔。

⑤挖孔遇到涌水较大的潜水层承压水时，可采用水泥砂浆压灌卵石环圈，或者集水泵排的方法进行排水。

⑥孔壁支护采用外齿式混凝土护壁。每挖掘 1.2～1.5 m 深即立模浇筑混凝土护壁，护壁的厚度一般为 10～15 cm，强度等级一般为 C15。有时为了赶工期，需加速混凝土的凝结，可掺入速凝剂。若土层比较松软或者需多次进行放炮开挖，可在护壁内设置 $\phi 8$ 的钢筋。护壁的模板采用钢模板或者木模板。

⑦挖孔达到设计孔深后，应进行孔底处理。孔底必须做到平整，无松渣、污泥及沉淀等软层。嵌入岩层厚度应符合设计要求。

⑧在开挖过程中应经常检查了解地质情况，如与设计资料不符，应提前与设计代表联系，提出设计变更。

（四）孔内爆破施工

为了确保施工安全，提高生产效率，孔内爆破施工应注意以下事项：

①采用电雷管起爆，以确保施工安全。如采用导火线起爆，要有工人迅速离孔的设备；导火线应作燃烧速度试验，据以决定导火线所需长度。

②必须打眼放炮，严禁裸药爆破。软石炮眼的深度不得超过 0.8 m，硬岩石炮眼的深度不得超过 0.5 m。炮眼的数目、位置和斜插方向应按岩层断面方向来定，中间一组集中掏心，四周斜插挖边。

③严格控制用药量，以松动为主。一般中间炮眼装硝铵炸药 1/2 节，边眼装 1/3～1/4 节。

④有水眼孔要用防水炸药，尽量避免瞎炮。如有瞎炮应按安全规程处理。

⑤炮眼附近的支撑应加固或设防护措施，以免支撑炸坏，引起塌孔。

⑥孔内放炮后应迅速排烟。采用高压风管或者电动鼓风机向孔内吹风进行排烟。当孔深大于 12 m 时，每次放炮后立即测定孔内的毒气浓度；无仪表测定时，可将敏感性强的小动物先吊入孔底考验，经数分钟的观察，如其活动正常，人员方可下孔施工。

⑦一个孔内进行爆破作业，其他孔内的施工人员必须到地面安全的地方躲避。

（五）挖掘的安全技术措施

挖孔时应注意施工安全。挖孔工人必须配备安全帽、安全带、安全绳，必要时应搭设掩体。取出土渣的吊桶、吊钩、钢丝绳、卷扬机等机具，必须经常检查。井口周围须用木料、型钢或者混凝土制成的框架或围圈予以围护，井口周围应高出地面 20~30 cm，以防土、石、杂物滚入孔内伤人。为了防止井口坍塌，须在孔口用混凝土护壁，高约 2 m。挖孔时应经常检查孔内的二氧化碳含量，如超过 0.3%，或孔深超过 10 m，应机械通风。挖孔工作暂停时，孔口必须罩盖。井孔应安设牢固可靠的安全梯，以便于施工人员上下。

（六）钢筋骨架的制作与安装

挖孔灌注桩的钢筋骨架在孔外预扎后吊入孔内，也可以在孔内绑扎。为使钢筋骨架正确牢固定位，应在钢筋笼主筋上设钢筋"耳环"或挂混凝土垫块。

（七）灌注混凝土

从孔底及附近孔壁渗入的地下水的上升速度较小（参考值小于 6 mm/min）时，可采用在空气中灌注混凝土桩的方法，并应注意以下事项：第一，混凝土坍落度。当孔内无钢筋骨架时，宜小于 6.5 cm；当孔内设置钢筋骨架时，宜为 7~9 cm。如用导管灌注混凝土，可在导管中自由坠落，导管应对准中心。开始灌注时，孔底积水深不宜超过 5 cm，灌注的速度应尽可能加快，使混凝土对孔壁的压力尽快大于渗水压力，以防水渗入孔内。第二，桩顶或承台、连系梁底部 2 m 以下灌注的混凝土，可依靠自由坠落捣实，不必再用人工捣实；在此线以上灌注的混凝土应以振捣器捣实。第三，孔内的混凝土应尽可能一次连续浇筑完毕。若施工接缝不可避免，应按照施工规范中关于施工缝的处理规定进行处理，并一律设置上下层的锚固钢筋。锚固钢筋的截面积应根据施工缝的位置确定，无资料时可按桩截面积的1%配筋。施工接缝若设有钢筋骨架，则骨架钢筋截面积可在1%配筋面积内扣除；若骨架钢筋总面积超过桩截面的1%，则可不设锚固钢筋。第四，混凝土灌注至桩顶以后，应立即将表面已离析的混合物和水泥浮浆等清除干净。

当孔底渗入的地下水上升速度较快时（参考值大于6 mm/min），应视为有水桩，按前述钻孔灌注桩用导管法在水中灌注混凝土。灌注混凝土之前，孔内的水位至少应与孔外的稳定水位在同样高度；若孔壁土质易坍塌，则应使孔内水位高于地下水位1~1.5 m。

空气中灌注的桩如为摩擦桩，土质较好，短期内无支护不致引起孔壁坍塌时，可在灌注过程中逐步由下至上拆除支护。需在水中灌注摩擦桩时，应先向孔中灌水，至少与地下水位相平。随着灌注的混凝土的升高，孔内水位不断上升，应逐层拆除支护，利用水头维护孔壁。在水中灌注的柱桩，应尽可能不拆除孔壁支护。

在空气中灌注混凝土柱桩，地质条件许可拆除支护，而且是钢护筒或钢筋混凝土护筒需要拆除时，则在灌注混凝土和逐步拆除护筒过程中，始终维持混凝土顶面比护筒底端最小高出1.5~2.0 m，以免拔护筒时，护筒底脚土粒掉入混凝土桩内，以及孔外地下水从护筒底下间隙渗入孔内。

四、扩大基础施工

（一）钢筋要求

施工时所用钢筋必须符合以下要求：①钢筋应具有出厂合格证；②钢筋表面洁净，使用前将表面油腻、漆皮、鳞锈等清除干净；③钢筋平直，无局部弯折，采用冷拉方法调直钢筋时，Ⅰ级钢筋的冷拉率不宜大于2%；④钢筋的弯制和末端符合设计及规范要求；⑤各种钢筋下料尺寸符合设计及规范要求。

混凝土采用溜槽入模分层连续灌注，插入式振动棒振捣，振捣时观察到混凝土不再下沉、表面泛浆、不再出现气泡、表面有光泽时即可缓慢抽出振捣器。扩大基础第一层混凝土施工不立模板，满灌混凝土施工。第一层混凝土浇筑完毕后，预埋好连接钢筋。待最后一层混凝土浇筑完毕后及时洒水养生，拆模后用塑料薄膜覆盖养护。

（二）水中基础的施工

水中基础施工采用钢板桩围堰形成基坑，再进行基础施工，即先在岸上或平台上拼装围图（按钢管桩的平面尺寸拼装），运至墩位定位后，把围图固定在钢管桩上，然后在围图四周的导框内插打钢板桩。安装堰内支撑，抽干水后人工开挖基坑，凿除桩头，绑扎钢筋，浇筑基础混凝土。

插打钢板桩的次序是从上一角开始，至下游合龙。这样不仅可以避免围堰内淤积泥沙，而且可以利用水流冲走一部分泥沙，减少开挖工作量，更重要的是可以保证围堰施工的安全。

钢板桩围堰在合龙处往往形成上窄下宽的状态，这就使得最后一组板桩很难插下。常用的纠正方法是将邻近一段钢板桩墙的上端向外推开，以使上下宽度接近。必要时，可根据实际宽度量测尺寸制作一块上窄下宽的异形钢板桩。合龙时，先将异形钢板桩插下，再插下最后一块标准钢板桩。

从围堰内排水时，如果发现锁口漏水，可在围堰外抛投煤灰拌铝沫，效果显著。钢板桩系多次重复使用设备，墩身筑出水面后即可拔出钢板桩，拆除围堰。

水中基础还可以采用吊箱围堰施工。

（三）吊箱围堰施工

1.钢吊箱加工及拼装

钢吊箱底板和侧板在工厂分块加工，加工完且试拼装检验合格后，分块装船运至拼装现场。在工作平台上，采用全站仪测出桥墩的纵横中心轴线，并测出桩顶的中心线及标高。钢吊箱加工完并检验合格后，分批分块运到桥墩安装位置，将护筒割至安装要求标高。

在护筒上焊接钢牛腿设置临时施工平台，在临时施工平台上拼装钢吊箱底板，采用倒链找平底板后，安装吊箱侧板，侧板连接部位粘贴橡胶止水板。

安装悬吊系统，提起吊箱，割除护筒上的钢牛腿，将吊箱沉至设计标高后，安装内侧支撑。

2.吊箱定位与堵漏

吊箱下沉前，对墩位处河床标高进行测量，吊箱沉至设计高程后，复核其平面位置。如不满足要求，将螺旋千斤顶安放在四个角的护筒与吊箱侧板之间调整吊箱位置，待其满足要求后,在四个角的护筒与吊箱侧板之间用型钢焊接定位。潜水员水下封堵护筒与底板之间的缝隙。

3.灌注封底混凝土

采用泵送多点灌注封底混凝土,为提高混凝土流动性和延长混凝土的初凝时间,混凝土中可掺缓凝减水剂和粉煤灰。

4.吊箱抽水

封底混凝土达到设计强度后,吊箱抽水。在承台设计标高以下护筒上重新焊接拉压杆,完成受力转换。拆除拉压杆,割除钢护筒,凿除桩头,将封底混凝土表面找平。

5.基础混凝土施工

完成上述工作以后,即可绑扎基础钢筋和浇筑混凝土。

第二节 承台施工

一、施工工艺流程

承台施工程序:基坑开挖→凿除桩头→打混凝土垫层→绑扎钢筋→支立模板→浇筑混凝土→养生→基坑回填。

二、施工准备

第一,承台施工前进行钻孔桩位置、标高等的复测,由监理工程师签认后方可进行承台的施工。

第二,复核基坑中心线、方向、高程,按地质水文资料结合现场情况,决定开挖坡度和支挡方案。基坑底面尺寸为长 $a+200$,宽方 $b+200$(a 为承台长,b 为承台宽),开挖坡度建议采用 1∶1,则地面开挖尺寸为 $(a+200)+1\times h$(h 为承台埋深),宽为

（b+200）+1×h，如承台埋深较大，可根据实际情况增加坡度，并制定支挡措施，做好地面防排水工作。

第三，备齐所需机具、材料，安排施工人员，确定各班组任务。

三、基坑开挖

（一）用反铲挖掘机开挖，人工配合，并加强坑内的排水

根据施工前拟定的坡度采用反铲挖掘机开挖，挖掘时注意抽水和不要碰到支挡结构，挖至距承台底设计标高约 30 cm 厚的最后一层土时，采用人工挖除修整，以保证土结构不受破坏。如施工时发现基坑在地下水面以下，可用木板桩支撑，边开挖边设撑。对需要设挡板支撑的基坑，根据施工现场条件，在基坑四周每 30 cm 打一根木桩（或钢管），在木桩（钢管）后设 2～4 mm 厚的木板（或钢板），防止边坡坍塌。

（二）基坑排水

一般采用集水井排水。在基坑内承台范围外低处挖汇水井，并在周围挖边沟，使其低于基坑底面 30～40 cm。汇水井井壁要加以支护，井底铺一层碎石。抽水时需有专人负责汇水井的清理工作。

（三）凿桩头

确定承台底标高。按设计图纸，将桩顶混凝土凿至顶面高出承台底设计标高 10 cm 处，将主筋调直，按设计要求绑成喇叭口，并向外设置直钩。凿桩头完成后，即进行桩基检测。合格后方可进行下道工序施工，若不合格，应立即处理。

（四）基底处理及测量定位

夯入 10 cm 厚的碎石层，层面略低于承台底设计标高。如遇砂土层等地质不良情况，按设计要求的厚度铺设石渣或干拌 C10 混凝土。位于河床下部的水中承台，其基底按设计要求进行抛填片石、夯填碎石等处理。处理完毕后，马上组织测量人员对基坑进行抄平，放出承台底面 4 个边角点和承台长、宽中心线，以及其交点（中心点）的位置，

用仪器检查各点位置是否正确,然后用钢尺复测,确认无误后,挂线连出承台边缘位置。

四、绑扎钢筋、立模板

(一)绑扎钢筋

钢筋在钢筋棚加工,严格按照施工规范、图纸现场绑扎,严禁漏绑。特别注意预埋钢筋的位置及加固,防止浇筑混凝土时跑位。底部设置的钢筋网在越过桩顶处不得截断。在钢筋与模板之间设置混凝土垫块,垫块与钢筋扎紧,并相互错开,根据图纸绑扎预埋墩柱钢筋。

(二)立模板

采用钢模板,使用前要除锈、刷油,检查模板是否变形。为加快模板组装速度,用吊车吊装模板,人工配合立模,让模板内侧靠紧连接边角点的白线,外侧用 $\phi 48$ 钢管加固。模板安装好后为防止浇筑混凝土时跑模和模板倾斜,在模板外打两排斜撑加固。

五、混凝土浇筑

混凝土采用自拌混凝土,由混凝土罐车运输,用混凝土泵车和混凝土输送泵灌混凝土。为确保施工质量,采用斜向水平推进法施工。混凝土自由下落高度不得超过 2 m,保持水平分层,且分层厚度不超过 30 cm。采用插入式振捣棒振捣,应插入下层混凝土 8 cm 左右,插入间隔小于其 1.5 倍作用半径,不得漏捣和重捣。每一层应边振捣边逐渐提高振捣棒,应避免碰撞模板。浇筑过程中,设专人负责检查支架、模板、钢筋和墩柱预埋钢筋的稳定情况,发现问题应立即处理。浇至设计标高后,振捣时观察混凝土不再下沉、表面泛浆、水平有光泽即可缓慢抽出振捣棒,防止混凝土内产生空洞。

六、拆模养生

混凝土浇筑完成后,对承台顶面进行修整。抹平定浆后,再一次收浆压光(墩柱处应拉毛),表面用草袋覆盖,洒水养生,养护时间不少于 7 d。当混凝土达到一定强度后拆模,并回填压实。

第三节　桥梁柱、系梁、盖梁工程

桥梁下部结构由立柱、盖梁组成。

一、墩柱

(一)模板选择

采用专门加工的定型组合圆柱型钢模板,选择专业厂家制作加工模板。钢模板按照 2 m 一节组装,一次浇筑高度按照 6 m 考虑。

(二)施工准备

立柱施工前,要规划好各种机具设备及材料的场地,做到既方便施工,又不影响安全。清扫基础,对立柱测量放样,并复核成果,将测量误差控制在规范允许范围内。

(三)钢筋制作与安装

在现场按图纸的规格、尺寸分段加工钢筋。加工时,主筋的接头数量及焊接质量要符合规范。制作完成后,吊装就位,注意防止骨架变形。安装完毕后要固定其位置,便于装模板。

（四）模板安装及拆除

将模板拼装并与支架螺栓连接成整体，再将各面模板及桁式支撑吊装就位，用螺栓连接成一整体模板。模板拼装时，在接缝处粘贴海绵胶条，以防浇筑混凝土时漏浆。

（五）混凝土浇筑

混凝土用水泥、砂、石及外加剂等材料必须符合图纸及规范要求，混凝土采用拌和站集中拌和，混凝土罐车运输，通过混凝土吊罐入仓，连续浇筑。因故间断时，时间不得超过 60 min。浇筑速度要适宜，每次堆料厚度不超过 25 cm，并用插入式振捣器振捣密实。振捣时要注意加强立柱周边表面振捣，消除水泡。对分层浇筑的立柱要对下一层混凝土表面凿毛，清除浮渣并用水冲洗干净。

混凝土施工后要留人整修周边，抹平压实立柱顶面混凝土。收浆后要覆盖，并洒水养护，对脱模后立柱周围用高压水枪洒水养护。立柱成型后要测量轴线、标高、竖直度，并申请监理工程师检查，无误后方可进行下道工序施工。

二、盖梁

在混凝土立柱上采用钢结构抱箍固定支架支承，用两根 50#槽钢放在抱箍上作为模板支承，上铺 12 cm×10 cm 方木横梁，横梁间距 30～50 cm，50#槽钢与抱箍间用 50 t 千斤顶调节间距，在 12 cm×10 cm 方木横梁上直接安装底模板。两侧模板借助横梁、上拉杆和三角撑共同组成的方框架来固定。所有框架榫眼及角撑均预先制好，使模板能够迅速准确地定位。模板定位校正用细钢丝绳作风绳校正。

混凝土由混凝土罐车从拌和站运至墩位处，汽车吊吊混凝土罐入模，分层灌注、振捣密实，按设计及规范要求的时间进行拆模，正常洒水养护不少于 14 d。

第四节　桥梁上部工程施工

桥梁上部结构由 T 型梁、空心板梁、护栏、桥面铺装等组成。

一、T 型梁（空心板）预制

1.梁体预制施工顺序

放样→安装底模、一边侧模安装→底板、侧板钢筋安装→预应力管道布设→另一侧模安装→端头封模→安装锚垫板→浇筑混凝土→养生。

2.梁体底模安装

底座设置成混凝土条形基础，钢板底模，底模与侧模以对拉筋采用帮包底的加固形式连接。

3.侧模安装

侧模采用工厂订制钢模，可先安装固定一边。侧模安装应牢固、顺直，侧模之间接缝应平顺、紧密。侧模与底模之间填塞橡胶止水条，贴靠紧密。

4.钢筋绑扎焊接

钢筋严格按施工规范制作，各部尺寸满足设计要求，与管道相碰局部钢筋可作挪动。当桥梁上部梁体为连续刚构 T 梁时应注意预埋梁底钢板，并加以固定，确保位置准确。

5.管道布设

管道布设须严格按设计提供的坐标布设，管道接头应连接紧密，不得漏浆；管道每 50 cm 用定位筋与梁体钢筋焊接固定。同时应注意梁面负弯矩管道预埋和预留孔口、外管口，孔口应临时封锚，以防堵塞管口和孔口。

6.锚垫板安装

锚垫板应与端模固定牢固，锚垫板与管道出口保证垂直。

7.混凝土浇筑

混凝土浇筑：设置于场内的拌和站生产混凝土，用小型机动车运输，吊车起吊倒料浇筑。混凝土浇筑采用梯形连续推进的形式，振捣由附着在侧模上的附着式振捣器配合插入式振捣器振捣。混凝土要求搅拌均匀，和易性良好。

8.养生

采用湿润法养生。

9.预应力张拉、压浆

按设计要求，T 梁（空心板）预制强度达到 100%后，方可进行张拉、压浆。施工顺序为：清管道→穿束→张拉→锚固→压浆→封锚。

（1）清管道

穿束前用高压水枪清洗管道，确保管道畅通。

（2）穿束

选用钢绞线，按设计要求进行下料，下料机具采用切割机。穿束时，束头用胶布紧箍，人工推进。

（3）张拉

穿束后安装锚具及千斤顶，并采用与千斤顶配套的张拉设备。张拉设备应经过计量部门校正、标定，各束张拉顺序依设计编号进行，张拉采用两头对称同时进行的方式。以应力应变双控并以应力为主，延伸值控制在 6%的误差范围内。张拉程序：低松弛预应力筋 0→初应力→σ_{con}（持荷 2 min 锚固）。

（4）孔道压浆

将水泥拌制均匀，水灰比控制在 0.4～0.45，用压浆机从梁体一端向另一端连续进行，直至出浆嘴流出的水泥浆与原浆相同为止，并迅速将进浆口和排气孔全部堵紧。

二、桥梁安装

采用架桥机安装，具体安装方法如下：

1.架桥机拼装

架桥机采用定点厂家生产的成套架桥设备，运至现场拼装。拼装好后，对架桥机的机械性能进行试运转，认真检查架桥机、钢丝绳、卷扬机、轨道、平车、电源等是否存在隐患，并及时予以更换或加强。

2.运输轨道铺设

轨道枕木布设要求两轨水平，支垫紧密。轨与轨接头平顺。

3.T梁出坑、运输

T梁由跨墩龙门架出坑，安放在运输轨道平车上，安放时用木支撑或法兰螺丝紧紧对称地固定在平车架上，由运输平车运输至架桥机下方起吊位置。运输过程中，随时观察支撑是否松动，轨道是否变形。

4.T梁安装

T梁安装顺序为：先安装左半幅左边梁及相邻一根中梁或右半幅右边梁及相邻一根中梁，然后按顺序逐根安装其余中梁与左半幅右边梁或右半幅左边梁。左半幅左边梁与右半幅右边梁安装由架桥机起吊前移，直接就位落梁安装。T梁安装在墩顶先设临时支座，待T梁连续构造施工完成后，再转换为永久支座。

5.一孔安装完毕后

接长运输轨道，架桥机轨道，架桥机前移就位，再按以上方法继续逐孔安装。架桥机前移时，保证各部位之间连接牢固，结构稳定。

6.T梁翼板接缝现浇

翼板湿接缝，采用吊模固定现浇施工方法。施工时严格按设计要求与施工技术规范执行，做到各部尺寸、位置准确，接缝平顺流畅，表面平整。

三、墩顶连续现浇段施工

当桥梁上部为连续T梁，在安装完成2孔时，按设计要求，施工墩顶连续构造。首先采用高强螺栓在T梁两端横隔板进行连接，并用配套螺栓锁紧。将梁体端部、横隔板侧面拉毛并清洗干净，连接梁端伸出钢筋及横隔板钢筋，布置墩顶部位的负弯矩区预应力钢束。安装墩顶现浇连续段模板，安放永久支座，并布置连续段钢筋及桥面板钢筋，然后逐孔浇筑现浇桥面混凝土，混凝土浇筑完毕后进行养生，穿预应力钢束。与相邻跨连续的预制T梁端部及端横隔板侧面混凝土，必须将浮浆、油污清洗干净并凿毛，以保证新老混凝土结合牢固。待一联T梁端接头混凝土强度达到设计强度的90%后，即可张拉负弯矩预应力钢束。钢绞线单根张拉施工方法同T梁预制。

四、连续梁体系施工

当连续梁体连接段混凝土浇筑及负弯矩预应力钢束张拉封锚完成后，即可进行连续梁体系转换施工。具体施工工艺方法如下：

①安放永久支座和临时支座：联端安放永久支座，而不设临时支座。

②梁体架设：梁体置于临时支座上呈简支状态，及时进行梁片间横向连接。

③中横梁混凝土及桥面板下横梁混凝土现浇：接头连续处预留钢筋，绑扎横梁钢筋，设置接头波纹管并穿束，浇筑混凝土。

④负弯矩区板束张拉：钢束张拉时，自每联两端向中间进行，从外侧向内侧进行。钢束张拉先张拉短钢束，然后张拉长钢束，每束钢束对称单根张拉，钢束采用伸长值与张拉应力双控的超张拉工艺。钢束张拉完成后，进行锚固及孔道压注水泥浆。

⑤浇筑桥面湿接缝混凝土，解除临时支座：湿接缝混凝土先浇筑跨中部分 $0.6L$ 段范围内的混凝土，后浇筑剩余部分湿接缝混凝土。最后解除临时支座，完成体系转换。

第五节　涵洞工程施工

一、钢筋混凝土框架涵

钢筋混凝土框架涵施工的主要方法为：基坑开挖采用人工配合机械施工，墙身采用 C20 混凝土现场浇筑，模板采用组合钢模，混凝土由拌和站拌和，专用运输车运输。浇筑时采用插入式机械振捣，保证混凝土质量。

（一）施工准备

基坑开挖前需进行遮阳准备、排水准备。为防止基坑开挖后受日光的暴晒，须准备充足的遮阳棚，将基坑盖好，边施工边封闭。根据现场情况疏通出入口，做排水沟或挡水堰，将水沿原沟排走。基坑内排水可通过在基坑四边挖集水沟，用水泵将水抽出。施工便道、施工场地布置好并做好施工准备后才能进行基坑开挖及基底的处理工作。

（二）基坑处理

1.CFG桩施工

涵洞基地处理方式一般与路基处理相同，如采用CFG桩地基加固，CFG桩施工应与路基CFG桩同步进行。施工要点如下：

①技术人员测放好基坑开挖线后，按照施工设计图布孔，桩身直径0.5 m，钻至硬层后对照基底设计标高，除桩头超封30~50 cm后，预留足够空钻长度，施工时严格按照CFG桩的施工工艺进行。

②CFG桩施工完7 d后，进行基坑开挖、破除桩头、铺设基础垫层等工作，桩头按照设计标高破除后，进行CFG桩扩大桩头施工，桩头上部为1 m的圆形截面，高0.6 m，下部与桩身混凝土连接，整个桩头为倒锥形结构。

③CFG桩扩大桩头施工完成，待桩头混凝土强度达到设计强度后，即可回填60 cm碎石垫层，回填宽度为涵身底板尺寸两边各加宽0.5~1 m，褥垫层回填时采用压路机或小型夯实机械夯实，每层夯实并经检测合格后即可进行下道工序的施工作业。铺设褥垫层填料过程中，为避免碾压时对褥垫层中的土工格栅造成破坏，施工时应增设中粗砂保护层，即褥垫层的组成自上而下为25 cm碎石垫层、5 cm中粗砂、5 cm土工格栅、25 cm中粗砂碎石垫层。

④基坑开挖利用人工配合挖掘机进行，挖至距设计换填层底标高20~30 cm后人工清理，采用垂直开挖，避免超挖。每边按涵身底部尺寸加宽50 cm作为施工空间。开挖时，开挖弃土及时用自卸车运走，严禁在基坑周围存放，更不允许将弃土堆在周围草皮及农田内。同时，现场施工负责人应严格规范施工区域，严禁挖掘机和施工车辆进入施工区以外区域，以免破坏农田及庄稼。

⑤基地褥垫层施工后即可进行涵身进出口2 m×1 m、C20混凝土扩大基础的浇筑作业，浇筑前立好模板，经检查合格后即可进行混凝土的浇筑工作。

2.测量放线

基坑开挖完成后，按要求利用全站仪进行测量放线。测放出涵身纵横十字线，以便控制涵身基础垫层的铺设范围，同时放好控制桩和护桩，以方便控制基础模板的位置。

3.垫层的设置

出入口基础垫层设置可在人工将标高清到设计标高后,采用小型夯实机械先对基坑底进行夯实,后再分层夯填砂夹碎石垫层,分层厚度10~15 cm,夯至设计标高后整平垫层表面,在报检合格后,即可立模进行出入口基础混凝土的浇筑工作。

涵身垫层采用C20混凝土进行铺设,垫层厚度10 cm,在基底褥垫层施工至设计标高后,整平褥垫层顶面,按测放出的涵身十字线立好模板,进行涵身垫层的浇筑施工。

(三)涵节施工

在涵节基础混凝土及垫层混凝土养护强度不小于2.5 MPa时,再进行测量放线,测放出涵洞纵向中心线、涵身中心里程桩及横向中心线,按照设计尺寸挂好涵身纵向中心线、墙身内外侧钢筋绑扎线,即可依据配套钢筋设计图进行涵身底板钢筋绑扎作业,每米涵身配置8排钢筋,每排间距12.5 cm,且同一截面上的接头不能超过50%(两钢筋接头相距在30 cm以内或两焊接接头在50 cm以内,或两绑扎接头的中距在绑扎长度以内,均视为同一截面,并不得少于50 cm),且同一截面内同一根钢筋上的接头不超过1个。

涵身底板钢筋绑扎完毕后,经现场技术人员、质检人员、监理人员检查合格后,就可进行模板拼装。模板宜采用组合钢模板,用5 cm的砂浆保护层垫块控制混凝土的结构尺寸,以保证涵节形状尺寸、大面、端面平直。模板拼装好后经检查合格,方可进行混凝土的浇筑施工。涵身混凝土的浇筑分两阶段施工:先浇筑涵身底板(浇筑至涵身下倒角顶面处),待底板混凝土强度达到设计强度的50%后,再施工边墙及顶板。

混凝土浇筑时采用集中拌和,混凝土运输车运送至施工现场。浇筑时控制好混凝土的坍落度,混凝土坍落度严格控制在标准坍落度±15 mm范围内,混凝土的倾落高度不能超过2 m,且不能将混凝土粘到还没有浇筑的模板板面上,避免造成板面上前期混凝土的凝结,影响混凝土结构物的外观质量。振捣采用插入式振捣器,严格控制振捣时间,一般振捣时间不得小于20~30 s,以保证混凝土的密实度。

在浇筑混凝土初凝后,将倒角处混凝土表面凿毛。夏季浇筑混凝土施工,要做好混凝土的养护工作,不能因混凝土内部早期水化热过高,造成混凝土表面开裂,影响混凝土工程的外观质量,洒水次数以混凝土面保持湿润为宜。

涵身施工时,先绑扎涵节两侧墙身钢筋,再进行涵节内模和墙身内外模的拼装作业,内外侧模板均用钢管支架进行加固，在顶板处设置可调丝扛油托，以便调整顶板模板的高度及平整度。待墙身和顶板模板按设计及规范要求拼装加固好后，经检查无误，就可进行涵身顶板的绑扎工作。绑扎时按要求调整好各排钢筋的间距，且在钢筋与模板间垫好垫块，以防露筋。

在涵身混凝土浇筑作业中，对作业人员应做到分工明确，使之各司其职，以保证混凝土浇筑施工能够顺利进行，确保工程施工质量创优。

（四）附属工程施工

翼墙、帽石采用现浇混凝土施工方法。技术人员测量放样立模控制边线，严格按线立模。模板配合使用组合钢模和木模，外露部分用钢模，要求搭配合理，拉杆及支撑紧固，面板顺直，接缝严密，下口加设海绵条，外侧用黏土或砂浆包严以防漏浆。混凝土由中心拌和站拌制，罐车运至工地，插入式振捣棒振捣密实。严格控制入模温度和施工配合比，使翼墙内实外美。翼墙沉降缝及防水层施工与涵节处相同。

附属工程包括涵洞出入口铺砌、泄床、锥坡、边坡防护及垂群。涵洞出入口铺砌与路基排水沟、改沟应顺接通畅，排水有出路，做到涵洞内不积水。铺砌均采用 M10 号水泥砂浆浆砌片石，下设厚 10 cm 碎石垫层。

（五）沉降缝及防水层施工

涵身沉降缝嵌塞 2 cm 厚的石棉水泥板留作防水之用，施工期间，用电焊将石棉水泥板与涵身钢筋骨架定好位置当作模板使用。沉降缝外侧涂刷聚氨酯防水涂料并粘贴防水卷材，且相邻涵节不均匀沉降差小于 5 mm。沉降缝内侧待涵洞施工完成后，再嵌入硫化型橡胶止水条。出入口翼墙与涵身间沉降缝内塞 M20 水泥砂浆 15 cm，中间如有空隙可填塞聚丙烯纤维网混凝土。

沉降缝防水层施工完后，经检查合格，即可进行涵洞两侧回填施工，以保证涵节的稳定性。在涵洞两侧大于两倍涵洞净宽范围内，涵背回填两侧同时进行，每层厚度不超过 30 cm，人工用电夯机夯实。

二、盖板涵洞工程

（一）施工安排

钢筋混凝土盖板涵洞结构，多数涵洞位于填方地段。为了尽快实现路基大面积填筑，必须优先施工涵洞工程。施工初期，先打通至涵洞的施工便道。根据涵洞的分布位置及工程量，组织涵洞施工队。

（二）盖板涵工程施工方法

1.施工工序

施工放样→基础开挖、夯实基础→地基承载力试验→基础、铺底混凝土、台身片石混凝土→现浇盖板混凝土→帽石混凝土浇筑→板缝处理→砌筑进出水口→台背回填。

2.施工工序说明

（1）施工放样

涵洞测量放样时，注意核对涵洞纵横轴线的地形剖面图是否与设计图相符，涵洞长度、涵底标高的正确性。对于斜交涵洞、曲线上的陡坡涵洞，应考虑交角加宽、超高和纵坡对涵洞具体位置、尺寸的影响。遇到与设计图纸不符的，应及时与监理工程师沟通，适当调整位置。施工过程中，应经常检查涵洞结构浇砌和安装部分的位置和标高，并作测量记录。

（2）基坑开挖

采取人工配合反铲开挖基坑，若施工机械无法进入涵洞施工现场，则采用人工开挖。基坑大小应满足基础施工的要求，有渗水土质的基坑坑底开挖，根据基坑排水需要及设计所需基坑大小而定。基坑壁坡度按地质条件、基坑深度和现场的具体情况确定。

（3）基坑验收

基坑开挖并处理完毕，由施工质检人员自检并报请总承包部、监理工程师检验，确认合格后填写地基检验表。未经验收，不得进行下一道工序施工。

（4）基础、铺底

盖板涵基础、铺底采用 C25 钢筋混凝土，涵洞地基承载力要符合设计要求。不能满足要求时，按照监理工程师指示进行处理，基础按图纸要求设置沉降缝，采用泡沫板，沉降缝处两端面竖直、平整，上下不得交错、不得接触，在沉降缝处加铺抗拉强度较高的卷材（如油毡），加铺层数及宽度按图纸所示或监理工程师指示进行。

（5）台身

台身采用 C20 片石混凝土，台身设置沉降缝与基础一致。基础经验收合格后，方可进行台身片石混凝土施工。墙身模板采用组合钢模板立模，混凝土采用强制搅拌机拌和、人力推送或混凝土运输车运送混凝土，插入式振捣器捣固。

台身及台帽混凝土施工完成后，采用 ϕ50 架子管搭设脚手架，架设现浇钢筋混凝土盖板模板，再安装盖板钢筋，验收合格后，浇筑盖板混凝土，浇筑方法与台身相同。

（6）涵洞进出口施工

浆砌用片石采用石方开挖段的合格石料；砂浆采用 200 L 砂浆搅拌机拌制，手推车运输。石料在砌筑前浇水充分湿润，表面如有泥土、水锈应清洗干净。

涵洞进出口建筑与路基的坡面应协调一致。出水口的沟床整理顺直，形成顺畅的水流通道。进出口砌体分层砌筑，砌筑时必须按要求错缝，平顺有致，砂浆饱满，外表平整。砌筑工作中断后恢复砌筑时，已砌筑的砌层表面加以清扫和湿润。外露浆砌片石部分采用 M7.5 砂浆勾缝，缝采用凹缝，勾缝应嵌入砌缝内不小于 10 mm。

（7）台背回填

当涵洞砌筑及盖板安装完成后，且混凝土强度达到设计标号的 70%时，才能进行台背回填。回填时涵洞两侧对称同时填筑，按要求水平分层填筑压实，每层松铺厚度不超过 15 cm，压实度按照规范的要求执行。填料采用透水性良好的沙砾土或砂质壤土，不得采用含草、腐殖物的土。压路机无法压实的边角部位，采用小型压实机械进行压实，强度应达到规范要求。

第五章　高速公路附属工程施工技术

第一节　交通安全设施施工技术

交通安全设施工程是现代交通运输中不可缺少的安全保障措施，每个公民都必须遵守交通规则。交通工程主要包括护栏工程、标志工程、标线工程、中间带等。

一、护栏工程施工

（一）护栏的种类

1.按护栏构造划分

根据构造的不同，护栏可以分为半刚性护栏、刚性护栏和柔性护栏。

（1）半刚性护栏

半刚性护栏是一种连续的梁柱结构。它是通过车辆与护栏间的摩擦、车辆与地面间的摩擦以及车辆、土基和护栏本身产生一定量的弹、塑性变形（以护栏系统的变形为主）来吸收碰撞能量，延长碰撞过程的作用时间来降低车辆速度，并迫使失控车辆改变行驶方向，恢复到正常的行驶方向，从而确保乘员安全，减少车辆损坏。半刚性护栏主要设置在需要着重保护乘员安全的路段。

（2）刚性护栏

刚性护栏是一种基本不变形的护栏结构。刚性护栏是通过车轮转动角的改变，车体的变位、变形，以及车辆与护栏、车辆与地面的摩擦来吸收碰撞能量。在碰撞过程中，车辆变形程度取决于自身的刚度、碰撞能量和碰撞作用时间。当车辆的碰撞角度较大时，往往造成比较严重的后果。刚性护栏主要设置在需严格阻止车辆越出路外，以免引起二次事故的路段。

（3）柔性护栏

柔性护栏是一种具有较大缓冲能力的韧性护栏结构。缆索护栏是柔性护栏的主要代表形式，它是一种以数根施加初张力的缆索固定于立柱上而组成的结构，完全依靠缆索的拉应力来抵抗车辆的碰撞和吸收能量。

2.按护栏设置的位置划分

根据设置位置的不同，护栏可以分为路侧护栏、中央分隔带护栏、桥梁护栏、过渡段护栏、端部护栏和防撞垫等。

（1）路侧护栏

路侧护栏主要用以防止失控车辆越出路外或碰撞路侧构造物和其他设施。决定是否设置路侧护栏的关键因素是路堤高度和边坡坡度。

路侧护栏防撞等级的选取则需综合考虑以下因素：车辆驶出路外可能造成的交通事故等级，路侧安全等级，路堤高度，公路线形，交通量，以及车辆构成。

（2）中央分隔带护栏

中央分隔带护栏是指设置于高速公路中间带内的护栏，其目的是防止失控车辆穿越分隔带闯入对向车道，并保护分隔带内的构造物和其他设施。

当整体式断面中间带宽度小于 12 m 时，必须设置中央分隔带护栏；大于 12 m 时，应分路段确定是否设置中央分隔带护栏。

（3）桥梁护栏

为了避免发生严重事故，对于高速公路上的特大桥、大桥、中桥梁，必须根据其防撞等级设置桥梁护栏。

桥梁护栏形式的选择，首先要根据防撞等级要求，避免在相应设计条件下失控车辆跃出。同时，还应综合考虑桥梁护栏外侧危险物的特征、美观、经济以及养护维修等因素。例如，在有美观要求的情况下或积雪严重的地区，宜采用梁柱式护栏组合结构。钢桥为了减轻恒载，宜采用金属制成的护栏。组合式护栏兼有钢筋混凝土墙式护栏坚固和金属制梁柱式护栏美观的优点，在我国高速公路的桥梁上被普遍采用。它的优点是：当汽车车轮与之相撞且碰撞角小于 10°时，能校正汽车运行轨迹，而不会出现较大的损伤。

（4）其他护栏形式

除了以上三种护栏，还有过渡段护栏、端部护栏以及防撞垫。过渡段护栏是指在不同护栏断面结构形式之间平滑连接并进行刚度过渡的结构段；端部护栏是指在护栏开始端或结束端所设置的专门结构;防撞垫是通过吸能系统使正面、侧面碰撞的车辆平稳地停住或改变行驶方向,一般设置在互通立交出口三角区、未保护的桥墩、结构支撑柱和护栏端头。

(二)安全护栏的功能

高速公路上的安全护栏,需要进行正确的设计才有可能实现以下功能:

第一,绊阻车辆,防止车辆越出路外,保护路外建筑物的安全,确保与其相交高速公路、铁路的安全,阻止失控车辆穿越中央分隔带闯入对向车道。

第二,能使车辆回复到正常行驶方向。车辆碰撞护栏的运动轨迹应能圆滑过渡,以较小的驶离角和回弹量停留在不影响车辆正常行驶的地方,不致发生二次事故。

第三,具有良好的吸收碰撞能量的功能,一旦失控车辆与护栏发生碰撞,可以将驾驶人和乘客受到的损伤减到最小。

第四,能引导驾驶人的视线,使其清晰地看到高速公路的轮廓及前进方的线形,增加行车的安全性,并使高速公路更加美观。

(三)护栏的施工工艺

1.立柱位置放样

立柱放样应以高速公路固定设施,如桥梁、通道、涵洞、隧道、中央分隔带等为主要控制点(即控制立柱的位置)。应在两控制点之间量距,如出现零头数,可通过合适的调整段调整。立柱间距可能有不大于 25 cm 的零头数,可通过分配法将其调整至多根立柱间距中。为准确放样和保证护栏的线形,在条件允许时可使用全站仪、经纬仪、水准仪等测量仪器。放样后,应确认立柱施工不会造成对地下设施的损坏,否则应调整立柱的位置。

2.立柱安装

立柱安装应与设计文件相符,并与公路线形相协调。位于土基中的立柱,可采用打入法、挖埋法或钻孔法施工。立柱标高应符合设计要求,不得损坏立柱端部。采用打入法打入过深时,不得将立柱部分拔出加以矫正,必须将其全部拔出,将基础压实后再重新打入。

采用挖埋法施工时,回填土应采用良好的材料并分层夯实,回填土的压实度不应小于设计规定值。填石路基中的柱坑,应用粒料回填并夯实。采用钻孔法施工时,立柱定位后应用与路基相同的材料回填,并分层夯填密实。

在铺有路面的路段设置立柱时,柱坑从路基甚至面层以下 5 cm 处应采用与路基相同的材料回填并分层夯实,余下部分应采用与路面相同的材料回填并压实;位于石方区的立柱,应根据设计文件的要求设置混凝土基础;位于小桥、通道、明涵等混凝土基础中的立柱,可设置在预埋的套筒内,通过灌注砂浆或混凝土固定,或通过地脚螺栓与桥梁护轮带基础相连。立柱安装就位后,其水平方向和竖直方向应形成平顺的线形。护栏渐变段及端部的立柱,应按设计规定的立柱进行安装。

3.波形梁安装

波形梁通过拼接螺栓相互拼接,并由连接螺栓固定于立柱或横梁上。波形梁的搭接方向是安装的关键,搭接方向应与行车方向一致。如果搭接方向与行车方向相反,即使是轻微的擦碰,也会造成较大的损失。波形梁在安装过程中要不断进行调整,不应过早拧紧其连接螺栓和拼接螺栓,否则将无法发挥板上长圆孔的调节作用。

4.防阻块及端头的安装

防阻块能防止立柱阻绊车轮,避免护栏局部受力,减小碰撞时车辆的冲击。托架适用于路肩较窄或护栏设置防阻块受限的情况。在安装时,应保证使其准确就位。在调整好立柱后,即可安装防阻块,最后安装波形梁板并进行统一调整。防撞等级为 SA、SAm 和 SS 的波形梁护栏在安装防阻块时,应根据设计文件要求,同时安装上层立柱。

设有横隔梁的护栏,把梁与横隔梁连为一体成为组合型护栏。横隔梁应平行于路面(即垂直于立柱)安装。在安装波形梁板之前不应拧紧横隔梁与立柱的连接螺栓,否则不易进行总体调节。

中央分隔带护栏的端头梁与两侧梁相连,端头附近的立柱应按设计文件的要求进行加强处理。路侧护栏的端部结构由端柱、端头梁、混凝土基础等组成。在端部基础混凝土达到设计强度的 70%后,方可安装端部结构。当因土基压实度不足等原因需要对端部结构进一步加强时,可根据设计文件的要求在端头梁附近设置钢丝绳锚固件。

(四)施工质量要求

护栏立柱的埋深、基础规格、土基压实度、端部和过渡段处理应符合设计规范和设计文件的规定;立柱位置、立柱中距、垂直度、横梁中心高度应符合设计要求;所有构件不应因运输、施工造成防腐层的损伤；直线段护栏不得有明显的凹凸、起伏现象；曲线段护栏应圆滑顺畅，与线形协调一致；中央分隔带开口端头护栏的线形应与设计文件相符；波形梁板搭接应方向正确、搭接平顺、垫圈齐备、螺栓紧固；防阻块、托架、横隔梁、端头的安装应与设计文件相符，安装到位，不得有明显的变形、扭转、倾斜；波形梁板和立柱不得现场焊割和钻孔；立柱及杜帽安装牢固，顶部应无明显塌边、变形、开裂等缺陷。

（五）施工验收

护栏立柱的埋深、基础规格、土基压实度、端部和过渡段处理应符合设计规范和设计文件的规定；立柱的位置、中距、垂直度和横梁中心高度均应符合设计要求，这是护栏发挥功能的基本保证。横梁中心高度是指从路面到波形梁横梁中心点的垂直距离。

二、交通标志、标线的施工

（一）交通标志

高速公路交通标志是用图形符号、颜色和文字向交通参与者传递特定信息，用于交通运行管理的设施，一般设在路旁或悬挂在高速公路上方，使交通参与者获得确切的高速公路交通信息，从而达到保障运行安全和高效的目的。交通标志应使交通参与者在很短的时间内就能看到、认识并完全明白它的含义，从而采取正确的措施。因此，交通标志必须具有较高的显示性、良好的易读性和广泛的公认性。

1.交通标志三要素

交通标志的三要素即颜色、形状和图形符号。不同的颜色具有不同的光学特性，从心理学角度讲会使人产生不同的心理感受和形状联想。研究表明，交通标志的视认性、显示性与标志形状有重要关系，面积相同时不同形状标志的易识别程度大小顺序为：三角形、菱形、正方形、正五边形、圆形等。交通标志中图形符号的具体含义应简单明了，力求易认直观。

2.交通标志的分类

（1）按功能划分

交通标志按功能不同可分为主标志和辅助标志两大类。

①主标志

警告标志：警告车辆、行人注意危险地点的标志。

禁令标志：禁止或限制车辆、行人交通行为的标志。

指示标志：指示车辆、行人行进的标志。

指路标志：传递高速公路方向、地点、距离信息的标志。

旅游区标志：提供旅游景点方向、距离的标志。

道路施工安全标志：通告道路施工区通行的标志。

②辅助标志

辅助标志指附设在主标志下，起辅助说明作用的标志。

（2）按支撑方式分

①柱式标志：以立柱支持在路侧、交通岛或中央分隔带等处。

单柱式：标志牌安装在一根立柱上。

双柱式：标志牌安装在两根立柱上。

②悬臂式标志：标志牌安装在悬臂支架结构上方。

③门架式标志：标志牌安装在门式支架结构上方。

④附着式标志：标志牌安装在上跨桥和附近构造物上。

（3）按反光方式分

①不反光标志：无定向反射功能的一般油漆标志、搪瓷标志等。

②反光标志：标志面采用反光材料制作的标志。

（4）按发光方式分

①照明标志：利用照明设备使标志面发亮的标志。照明标志又分为内部照明标志和外部照明标志两种。

内部照明标志：标志板内装照明装置，采用半透明材料制作标志面板，有单面显示和两面显示两种。

外部照明标志：采用外部光源照明标志板面的标志。

②自发光标志：白天吸收太阳光，晚上发亮的标志。

（二）交通标线

路面标线是标画于路面上的各种线条、箭头、文字、立面标记、突起路标和路边轮廓标等所组成的交通安全设施。它的作用是确保车流分道行驶，导流交通行驶方向，加强车辆行驶纪律和秩序，增加公路通行能力，更好地组织交通，引导用路者视线，是管制用路者驾驶行为的重要手段，可以有效地指引车辆在汇合或分流前进入合适的车道。

高速公路交通标线按设置方式可分为以下三类：

①纵向标线：沿高速公路行车方向设置的标线。

②横向标线：与高速公路行车方向成角度设置的标线。

③其他标线：字符标记或其他形式标线。

高速公路交通标线按功能可分为以下三类：

①指示标线：指示车行道、行车方向、路面边缘等设施的标线。

②禁止标线：告示高速公路交通的遵行、禁止、限制等特殊规定，车辆驾驶员要严格遵守的标线。

③警告标线：促使车辆驾驶员了解高速公路上的特殊情况，提高警觉，准备防范应变措施的标线。

高速公路交通标线按形式可分为以下四类：

①线条：标画于路面、缘石或立面上的实线或虚线。

②字符标记：标画于路面上的文字、数字及各种图形符号。

③突起路标：安装于路面上，用于标示车道分界、边缘、分合流、弯道、危险路段、路宽变化、路面障碍物的反光或不反光体。

④路边线轮廓标：安装于高速公路两侧，用以指示高速公路的方向、车行道边界轮廓的反光柱（或片）。

（三）交通标志、标线的施工要点

1.交通标志的施工要点

标志在厂家加工，现场安装。标志板材料采用挤压成型异型铝材制作，标志板与滑动槽钢采用铝合金铆钉连接，板面上的铆钉头应打磨平整。标志板边缘应做角钢加固处理。立柱、抱箍、底衬、柱帽等均应进行热镀锌处理。所有金属构件除特殊说明外均采用 Q235 钢制作。为防止雨水渗入，立柱顶部应加柱帽。标志板与横梁采用抱箍连接。

标志板的反光膜均采用超强级反光膜标识，安装采用汽车吊配合人工进行，标志板施工需要注意：施工的全过程应顺序作业，标识外观顺直、流线、平滑、垂直；标识朝向、角度与设计一致；标识的防锈层不得破坏；电缆线接头牢固可靠、防水绝缘，不易暴露；标识平面位置准确；吊装时注意交通行车的安全；标识在吊装时，一定要系溜绳，控制起重物的状态；吊装时要设置警示标志。

在施工过程中，所有标志基础应严格按照设计图纸位置施工，若遇树木、路灯等路上或地下构筑物与设计标志基础相矛盾的，经与现场监理协商可依据现场实际情况将标志基础沿高速公路中线纵向平移 0~2 m；所有标志基础长边均应平行于相应高速公路的中心线，标志板面长边垂直于相应高速公路中心线；施工中需与使用方（交警设施处、科技处等）加强联系，紧密配合，必要时应通知使用方人员到场。

2.交通标线的施工要点

（1）路面标线

路面应清洁干燥，不得存在松散颗粒、灰尘、沥青渣、油污或其他有害材料。车行道边缘线的宽度应为 15~20 cm，车行道分界线的宽度应为 10~15 cm，路面中心线的宽度应为 10~15 cm。位于中央分隔带或路侧安全净区内未加护栏防护的桥墩、隧道洞口、交通标志立柱等构造物应设置立面标记，颜色为黄黑相间，线宽及间距均为 15 cm。立面标记应向车行道方向以 45°角倾斜。立面标记宜设置为 120 cm 高。正式施画前应进行试画，以检验画线车的行驶速度、线宽、标线厚度、玻璃珠撒布量等能否满足要求，调试合格后才能开始正式施工。施工时，应按设计文件要求留出排水孔，位于禁止超车线处的突起路标应空出其位置。新铺沥青混凝土路面的交通标线施工，可在路面施工完成一周后开始；新建水泥混凝土路面的交通标线施工，应在混凝土养护膜老化起皮并清除后开始。对施工中存在的缺陷，应及时修整。成型标线带和防滑彩色路面标线的施工应符合产品使用说明书的规定。

（2）突起路标

隧道的车行道分界线上宜设置突起路标；突起路标可单独设置成车行道边缘线和车行道分界线；突起路标的壳体颜色、设置位置、间距应符合相关规定。根据设计文件的要求确定突起路标的设置位置，反射体应面向行车方向。路面和突起路标底部应清洁干燥并涂黏结剂。突起路标就位后，应在其顶部施加压力，排除空气，调整就位。

3.质量控制要点

（1）标志质量控制要点

标志板安装后应平整，夜间在车灯照射下，标志板底色和字符应清晰明亮，颜色均匀，不应出现明暗不均的现象，不能影响标志的认读。在粘贴底膜时，横向不宜有拼接。竖向拼接时，上膜须压下膜，压接宽度不应小于 5 mm。

（2）标线质量控制要点

标线线形应流畅，与高速公路线形相协调，曲线圆滑，不允许出现折线。

三、中间带

（一）中间带概述

1.中间带的作用

公路中的高速公路、一级公路，城市道路中的双幅路和四幅路均应设置中间带。中间带由两条左侧路缘带和中央分隔带组成，其作用如下：

第一，将上、下行机动车流分开，既可防止因快车驶入对向行车道造成车祸，又能减少公路中心线附近的交通阻力，提高通行能力。

第二，作为设置交通标志牌及其他交通管理设施的场地。

第三，种植花草灌木绿化或设置防眩网，可防止对向车辆灯光炫目，还可起到美化环境的作用。

第四，设于分隔带两侧的路缘带，由于有一定宽度且颜色醒目，既能引导驾驶员视线，又能增加行车所必需的侧向余宽，从而提高行车的安全性和舒适性。

2.中间带的组成

中间带由中央分隔带和路缘带组成。分隔带以路缘石线等设施分界，在构造上起到分隔往返交通的作用。在分隔带的两侧设置路缘带，不仅能引导驾驶员的视线，促进行车安全，还能保证行车所必需的余宽，提高行车车道的使用效率。

3.中间带的宽度

中间带宽度规定有一般值和最小值。正常情况下采用一般值，当遇有特殊情况时可采用最小值。中间带的宽度一般情况下应保持等宽，并不得频繁变更宽度。当中间带宽度因地形条件或其他特殊情况限制而减窄或增宽时，应设置过渡段。过渡段以设在回旋线范围内为宜，其长度与回旋线长度相等。宽度大于规定或大于 4.5 m 的中间带的过渡段，以设置在半径较大的平曲线路段为宜。整体式断面分离为分离式断面后和分离式断面汇合为整体式断面前的一段距离内，当分离式断面两相邻路基边缘之间的中间距离小于中间带宽度时，应设置不同宽度的中间带。

4.中间带开口

为了便于养护作业和某些车辆在必要时驶向对向车道，中间带应按一定距离设置开口。公路上开口一般情况下以每 2 km 以上的间距设置为宜，太密将会造成交通紊乱。高速公路开口（断口）最小间距大于 300～400 m，通常要考虑横向交通（车辆和行人）的需要。中间带的开口应设置在通视条件良好的路段，若在曲线上开口，曲线半径宜大于 700 m。在互通式立体交叉、隧道、特大桥、服务区等设施的前后必须设置开口。

开口端部的形状，常用的有两种：半圆形和弹头形。对于窄的分隔带（$M<3.0$ m）可用半圆形，宽的（$M \geqslant 3.0$ m）可用弹头形。

（二）中间带的施工

1.埋设横向塑料排水管

路基施工完成后即可进行施工。

①沟槽开挖：开挖的位置、深度、宽度应符合设计要求，沟槽应保持直线并与线路中线垂直，沟槽底部坡度与路面横坡一致，可采用开沟机或人工开挖。

②铺设垫层：采用粒径小的石料铺设，厚度保持均匀，并具有与路面相同的横坡。

③埋设塑料排水管：一端插入中央分隔带纵向盲沟范围内，另一端伸出路基边坡外进出口用土工布包裹，防止被碎石堵塞。塑料排水管采用套接时，管口要对齐并靠紧，用短套管套紧两根管，并在套管两端用不透水材料扎紧。

2.中央分隔带开挖

路面基层施工完成后即可施工。先挖集水槽，再挖纵向盲沟；一般采用人工开挖；挖开的土不得堆在施工完成的基层上，防止污染基层；沟槽的深度、宽度及沟底纵坡应符合设计要求；沟底必须平整密实，不得有杂物。

3.防水层施工

喷涂双层防渗沥青时，要求喷涂厚度均匀，无漏喷，喷涂范围为中央分隔带范围内的路基和路面结构层；采用 PVC 防水板时，防水板的两端应拉紧、无褶皱，防水板纵横向搭接，并用铁钉固定。

4.纵向碎石盲沟

碎石盲沟要填充密实、表面平整，并在顶面设置反滤层。反滤层可以采用砂石材料或土工合成材料。目前，高等级公路中多采用土工布。土工布的铺设应平整、无褶皱、无重叠，并且要避免过量拉伸而发生破坏。施工现场若发现土工布破损，应进行修补，并且必须能够达到原性能时方可使用。土工布采用平行搭接，搭接长度不小于 30 cm。

5.缘石安装

缘石应在路面面层铺设前安装完成，可以现场浇筑或预制安装。采用预制安装时应铺设在不小于 2 cm 厚的砂垫层上，砌筑砂浆的水泥与沙的体积比应为 1∶2。缘石的安装要稳固、线条直顺、曲线圆滑、顶面平整、缝宽均匀、勾缝密实；基底和后背填料必须夯打密实。

第二节　其他附属工程施工技术

一、路肩施工

（一）路肩的作用及宽度

各级公路都要设置路肩。路肩的作用主要有以下几个方面：由于路肩紧靠在路面的两侧设置，具有保护及支撑路面结构的作用；供发生故障的车辆临时停放之用，有利于防止交通事故和避免交通紊乱；作为侧向余宽的一部分，能增进车辆驾驶的安全性和舒适感，对保证设计车速是必要的，尤其在挖方路段，还可以增加弯道视距，减小行车事故；提供高速公路养护作业、埋设地下管线的场地；精心养护的路肩，能增加公路整体的美观度。

从构造上可将路肩分为硬路肩和土路肩。硬路肩是指进行了铺装的路肩，它可以承受汽车荷载的作用力。在填方路段，为使路肩能汇集路面积水，在路肩边缘应设置缘石。

土路肩是指不加铺装的土质路肩，它具有保护硬路肩、路面和路基的作用，并提供侧向余宽。高速公路应采用分离式断面。宽度大于 4.5 m 的中间带，行车道左侧也应设硬路肩。高速公路的平原微丘区，有条件时硬路宽度宜大于 2.5 m。

（二）路肩施工要点

路肩石可以在铺筑路面基层后，沿路面边线刨槽、打基础安装；也可以在修建路面基层时，在基础部位加宽路面基层作为基础；还可以利用路面基层施工中基层两侧宽出的多余部分作为基础，厚度及标高应符合设计要求。

路面中线校正后，在路面边缘与侧石交界处放出路肩石线，直线部位 10 m 一桩，曲线部位 5～10 m 一桩，路口及分隔带等圆弧部位 1～5 m 一桩。也可以用皮尺画圆并在桩上标明路肩石顶面高程。

刨槽施工时，按要求宽度向外刨槽，一般为 30 cm，靠近路面一侧比线位宽出少许，一般不大于 5 cm，太宽容易造成回填夯实不好及路边塌陷。为保证基础厚度，刨槽深度可比设计加深 1～2 cm，槽底应修理平整。若在路面基层加宽处安装路肩石，则将基层平整即可，免去刨槽工序。

二、雨水口施工

（一）雨水口施工工艺

雨水口施工步骤主要有以下几点：根据设计图样，放出雨水口井位，打定位桩，并标定高程；按照定位线开挖基槽，井周每侧留出 30 cm 的余量，控制设计标高，清理槽底，进行夯实；浇筑底板，底板按设计图施工养护达到一定强度时再砌筑井体；砌筑井体前要按墙身位置挂线，先在底板上铺上一层砂浆后，再开始砌筑墙身，要保证墙身垂直，井底应采用水泥砂浆抹出雨水口泛水坡。

墙身砌筑到一定高度时，将内墙用砂浆抹面，随砌随抹，抹面要光滑平整，不起鼓、不开裂；井外用水泥砂浆搓缝，使外墙严密；墙身每砌起 30 cm 应及时回填外槽，一般采用碎砖灌水泥砂浆回填，也可用 C10 水泥混凝土回填，回填必须密实，防止井周路面产生局部沉陷。

砌至支管顶时,应将井内管头与井壁口相平,将管口与井壁用水泥砂浆勾抹严密,雨水管端面应露出井壁,其露出长度不应大于 2 cm。雨水管穿井墙处,管顶应砌砖券;墙身砌至设计标高时,用水泥砂浆坐底安装井框、井箅,安装必须平稳、牢固;立式雨水口在墙身设计标高时,安装立式井箅,并将井身上口加盖盖板;雨水口井身砌筑完毕后,应及时将井内碎砖、砂浆等杂物清理干净,井口临时覆盖。

(二)施工注意事项

雨水口位置应符合设计要求,不得歪扭;井箅与井墙应吻合;井箅与高速公路边线相邻边的距离应相等;内壁抹面必须平整,不得起壳裂缝;井箅必须完整无损、安装平稳;井内严禁有垃圾等杂物,井周回填土必须密实;雨水口与检查井的连接应顺直、无错口;坡度应符合设计规定。

三、检查井施工

(一)检查井的构造

检查井主要有圆形、矩形和扇形三种类型,从构造上看这三种类型的检查井基本相似,主要由井基、井身、井盖、盖座、爬梯等几部分组成。

1.井基

井基包括基础和流槽。按照土壤及水文地质条件,采用灰土、碎砖、碎石或卵石作垫层,上铺混凝土或砌砖基础。基础上部按上下游管道管径大小砌成流槽。

2.井身

检查井身的材料应采用砖、石、普通混凝土或钢筋混凝土。我国目前多采用砖砌,以水泥砂浆抹面。井身在构造上分为工作室、渐缩部分和井筒三部分。工作室的平面形状有圆形、矩形和扇形。

3.井盖、盖座

井盖盖在井筒上面,井盖座在盖座上,井盖和路面应安装平整,防止车辆掉入井内和其他物品落入井内。井盖和盖座一般用铸铁制作,也有用混凝土制作的。

4.爬梯

爬梯主要是供工作人员上下井用,用铸铁制作,也有用砖砌的脚窝,交错地安装在井壁上。

(二)检查井施工要点

施工前先熟悉图样,确定检查井的尺寸、样式;砌筑检查井,应在管道安装后立即进行;砌井前检查基础尺寸和高程;基础清理干净后,先铺一层砂浆,再进行墙体砌筑,砌砖时每砌完一层要灌一次砂浆,使缝隙内砂浆饱满,上、下两层砖间竖向要错缝,所用砂浆与砖的强度要求由设计确定;井壁与混凝土管相接部分,必须用砂浆坐满,在混凝土管上砌砖,以防漏水,管外壁接头处要提前洗刷干净;井身上部收口按设计标准图集所要求坡度砌筑,砌井也应边砌边完成井内砂浆抹面。

支管或预埋管按设计要求标高、位置、坡度安装好,做法同主管;护底、流槽、爬梯应与井壁同时砌筑;一般污水检查井要求内外抹面,雨水检查井只要求内部抹面,外壁要用砂浆搓缝。应边砌边进行内部抹面。

检查井完成后要将井内杂物清理干净,如还不能立即安装井座、井盖,应设防护或警示标志,防止发生杂物落入和安全事故。

四、雨水支管施工

(一)挖槽

测量人员按设计图上的雨水支管位置、管底高度定出中心线橛并标记高程。

根据开槽宽度,撒开槽灰线,槽底宽一般采用管径外皮之外每边各加宽 3 cm;根据高速公路结构厚度和支管覆土要求,确定在路槽或一步灰土完成后反开槽,开槽原则是能在路槽开槽就不在一步灰土反开槽,以免影响结构层整体强度;挖至槽底基础表面设计高程后挂中心线,检查宽度和高程是否平顺,修理合格后再按基础宽度与深度要求,立槎挖土直至槽底做成基础土模,清底至合格高程即可打混凝土基础。

（二）四合一法施工

四合一法施工即基础、铺管、八字混凝土、抹箍同时施工。

1.基础

浇筑强度为 C10 水泥混凝土基础，将混凝土表面做成弧形并进行捣固，混凝土表面要高出弧形槽 1～2 cm，靠管口部位应铺适量 1∶2（体积比）的水泥砂浆，以便稳管时挤浆使管口与下一个管口黏结严密，防止接口漏水。

2.铺管

在管子外皮一侧挂边线，以控制下管高程顺直度与坡度，要洗刷管子保持湿润。

将管子稳在混凝土基础表面，轻轻揉动至设计高程，注意保持对口和中心位置的准确。雨水支管必须顺直，不得错口，管子间留缝最大不准超过 1 cm。灰浆挤入管内用弧形刷刮除，如出现基础铺灰过低或揉管时下沉过多，则应将管子撬起一头或起出管子，铺垫混凝土及砂浆，且重新揉至设计高程。

支管接入检查井一端，如果预埋支管位置不准，按正确位置高程在检查井上凿好孔洞拆除预埋管，堵密不合格空洞，支管接入检查井后，支管口应与检查井内壁齐平，不得有探头和缩口现象，用砂浆堵严管周缝隙，并用砂浆将管口与检查井内壁抹严、抹平、压光，检查井外壁与管子周围的衔接处，如果存在缝隙应用水泥砂浆抹严。

靠近收水井一端在尚未安收水井时，应用干砖暂时将管口塞堵，以免灌进泥土。

3.八字混凝土

当管子稳定并完成捣固工作之后，按照要求角度抹出八字。

4.抹箍

管座八字混凝土灌好后，立即用 1∶2 水泥砂浆抹箍。

抹箍的材料规格，水泥用强度等级 32.5 以上水泥，沙用中沙，含泥量不大于 5%；接口工序是保证质量的关键，不能有丝毫马虎。抹箍前先将管口洗刷干净，保持湿润，砂浆应随拌随用。

抹箍时先用砂浆填管缝压实略低于管外皮，如砂浆挤入管内，用弧形刷随时刷净，然后刷水泥素浆一层宽 8～10 cm，再抹管箍压实，并用管箍弧形抹子赶光压实；为确保管箍和管基座八字连接一体，在接口管座八字顶部预留小坑，当抹完八字混凝土后立即抹箍，管箍灰浆要挤入坑内，使砂浆与管壁黏结牢固；管箍抹完初凝后，要盖草袋洒水养护，注意勿损坏管箍。

（三）包管加固

凡支管上覆土不足 40 cm，需上大碾碾压者，应作 360°包管加固。在第一天浇筑基础下管，用砂浆填管缝压实略低于管外皮并做好平管箍后，于次日按设计要求打水泥混凝土包管，水泥混凝土必须插捣振实，注意养护期内的养护，完工后支管内要清理干净。

（四）支管沟槽回填

回填应在管座混凝土强度达到 50%以上时进行；应在管子两侧用 8%灰土同时进行雨水支管预拌回填，管顶 40 cm 范围内用人工夯实，夯实度要与高速公路结构层相同。

（五）升降检查井

高速公路在路内有雨污水等各种检查井，在高速公路施工中，为了保护原有检查井井身强度，一般不采用砍掉井筒的施工方法。

开槽前用竹竿等物逐个在井位插上明显标记，堆土时要离开检查井 0.6～1.0 m，不准推土机正对井筒直推，以免将井筒挤坏。井周土方采取人工挖除，井周填石灰土基层时，要采用火力夯分层夯实。

凡升降检查井取下井圈后，按要求高程升降井筒，如升降量较大，要考虑重新收口，使检查井结构符合设计要求。

井顶高程按测量高程在顺路方向井两侧各 2 m、垂直路线方向井每侧各 1 m，挂十字线稳好井圈、井盖。

检查井升降完毕后，立即将井内里抹砂浆面，在井内与管头相接部位用 1∶2.5 砂浆抹平压光，最后把井内泥土杂物清除干净。

井周除按原路面设计分层夯实外，在基层部位距检查井外墙皮 30 cm 中间，浇筑一圈厚 20～22 cm 的 C30 混凝土加固。顶面在路面之下，以便铺筑沥青混凝土面层。在井圈外仍用基层材料回填，注意夯实。

第六章　高速公路路基路面养护与管理

高速公路建成通车后,在较长时间的运营过程中,高速公路自身使用功能不断减弱,各种病害也日益严重。为保证高速公路的行驶功能,合理和及时的养护就显得十分重要。高速公路养护的关键在于如何采取科学合理的养护技术,优化高速公路养护管理,延长高速公路使用寿命。因此,高速公路养护和管理工作是高速公路工程中一项重要的工作。

对于高速公路出现的早期病害,若能够及时采取合理的养护措施,可以防止高速公路微小病害的进一步扩大,使高速公路经常保持原有的技术状态和标准,减少由于高速公路及其设施维护不当给使用者带来的意外损害,从而增加高速公路的社会效益和经济效益。

高速公路养护按其工程性质、技术复杂程度和规模大小,分为小修保养、中修工程、大修工程、改建工程四类。①小修保养:对高速公路及其沿线设施经常进行维护保养,并修补其轻微损坏部分的作业。②中修工程:对高速公路及其沿线设施的一般性损坏部分进行定期的修理加固,以恢复高速公路原有技术状况的工程。③大修工程:对高速公路及其沿线设施的较大损坏进行周期性的综合修理,以全面恢复到原技术标准的工程。④改建工程:对高速公路及其沿线设施进行整段改造,以全面恢复高速公路到原有技术状况,或在原技术范围内进行局部改善,以逐步提高公路通行能力的工程项目。

高速公路养护的基本任务是:①贯彻"预防为主、防治结合"的方针,加强预防性养护,提高高速公路的抗灾害能力;②加强高速公路及其沿线设施的基本技术状况调查,及时发现和消除隐患;③保持高速公路及其沿线设施良好的技术状况,及时修复损坏部分,保障高速公路行车安全、畅通、舒适;④吸收和采用新技术、新工艺、新材料、新设备,采取科学的技术措施,不断提高高速公路养护质量,有效延长高速公路的使用寿命,降低路桥设施的全寿命周期成本,增加养护资金使用效益;⑤加强高速公路的技术改造,以适应高速公路交通事业的不断发展。

为了解和掌握高速公路使用性能的变化情况,必须对高速公路技术状况进行科学的评定、分析，以便及时采取各种养护和改建措施，延缓其衰变或恢复其使用性能。

第一节 高速公路技术状况指数

高速公路技术状况采用高速公路技术状况指数（Maintenance Quality Indication，MQI）和相应分项指标（路面技术状况指数 PQI、路基技术状况指数 SCI、桥隧构造物技术状况指数 BCI、沿线设施技术状况指数 TCI）表示，MQI 和相应分项指标的值域为 0～100。

高速公路技术状况分为优、良、中、次、差 5 个等级，具体如表 6-1 所示。

表 6-1 高速公路技术状况评定标准

评价等级	优	良	中	次	差
MQI 及各项分项指标	≥90	≥80，<90	≥70，<80	≥60，<70	<60

高速公路技术状况指数 MQI 按下式计算：

$$MQI = w_{PQI}PQI + w_{SCI}SCI + w_{BCI}BCI + w_{TCI}TCI \qquad (6\text{-}1)$$

式中，w_{PQI} 为 PQI 在 MQI 中的权重，取值为 0.70；w_{SCI} 为 SCI 在 MQI 中的权重，取值为 0.08；w_{BCI} 为 BCI 在 MQI 中的权重，取值为 0.12；w_{TCI} 为 TCI 在 MQI 中的权重，取值为 0.10。

其中，路面使用性能（PQI）包括路面损坏（PCI）、路面平整度（RQI）、路面车辙（RDI）、抗滑性能（SRI）、结构强度（PSSI）五个指标。

路面使用性能指数 PQI 按下式计算：

$$PQI = w_{PCI}PCI + w_{RQI}RQI + w_{RDI}RDI + w_{SRI}SRI \qquad (6\text{-}2)$$

式中，w_{PCI} 为 PCI 在 PQI 中的权重；w_{RQI} 为 RQI 在中 PQI 的权重；w_{RDI} 为 RDI

在中 PQI 的权重；w_{SRI} 为 SRI 在 PQI 中的权重。

上述权重取值如表 6-2 所示。

表 6-2 PQI 分项指标权重

路面类型	权重	高速、一级高速公路	二、三、四级高速公路
沥青路面	w_{PCI}	0.35	0.60
	w_{RQI}	0.30	0.40
	w_{RDI}	0.15	—
	w_{SRI}	0.10	—
水泥混凝土路面	w_{PCI}	0.50	0.60
	w_{RQI}	0.30	0.40
	w_{SRI}	0.10	—

一、路面损坏

路面损坏用路面损坏状况指数（PCI）表示，按下式计算：

$$PCI = 100 - a_0 DR^{a_1}$$

$$DR = 100 \times \frac{\sum_{i=1}^{i_0} w_i A_i}{A} \qquad (6-3)$$

式中，DR 为路面破损率，即各种损坏的折合损坏面积之和与路面调查面积之百分比；A_i 为第 i 类路面损坏的面积，单位为 m²；A 为调查的路面面积（调查长度与有效路面宽度之积），单位为 m²；w_i 为第 i 类路面损坏的权重，沥青路面按表 6-3 取值，水泥混凝土路面按表6-4取值,砂石路面按表6-5取值;a_0为模型参数,沥青路面采用15.00,水泥混凝土路面采用10.66,砂石路面采用10.10;a_1为模型参数,沥青路面采用0.412,水泥混凝土路面采用0.461,砂石路面采用0.487;i为考虑损坏程度(轻、中、重)的第i项路面损坏类型;i_0为包含损坏程度(轻、中、重)的损坏类型总数,沥青路面取21,水泥混凝土路面取20,砂石路面取6。

表6-3 沥青路面损坏类型和权重

类型(i)	损坏名称	损坏程度	权重(w_i)	计量单位
1	龟裂	轻	0.6	面积/m²
2		中	0.8	
3		重	1.0	
4	块状裂缝	轻	0.6	面积/m²
5		重	0.8	
6	纵向裂缝	轻	0.6	长度/m
7		重	1.0	(影响宽度:0.2 m)
8	横向裂缝	轻	0.6	长度/m
9		重	1.0	(影响宽度:0.2 m)
10	坑槽	轻	0.8	面积/m²
11		重	1.0	
12	松散	轻	0.6	面积/m²
13		重	1.0	
14	沉陷	轻	0.6	面积/m²
15		重	1.0	
16	车辙	轻	0.6	长度/m
17		重	1.0	(影响宽度:0.4 m)
18	波浪拥包	轻	0.6	面积/m²
19		重	1.0	
20	泛油		0.2	面积/m²
21	修补		0.1	面积 m²

表6-4 水泥混凝土路面损坏类型和权重

类型（i）	损坏名称	损坏程度	权重（w_i）	计量单位
1	破碎板	轻	0.8	面积/m²
2		重	1.0	
3	裂缝	轻	0.6	长度/m（影响宽度：1.0 m）
4		中	0.8	
5		重	1.0	
6	板角断裂	轻	0.6	面积/m²
7		中	0.8	
8		重	1.0	
9	错台	轻	0.6	长度/m（影响宽度：1.0 m）
10		重	1.0	
11	唧泥		1.0	长度/m（影响宽度：1.0 m）
12	边角剥落	轻	0.6	长度/m（影响宽度：1.0 m）
13		中	0.8	
14		重	1.0	
15	接缝料损坏	轻	0.4	长度/m（影响宽度：1.0 m）
16		重	0.6	
17	坑洞		1.0	面积/m²
18	拱起		1.0	面积/m²
19	露骨		0.3	面积/m²
20	修补		0.1	面积/m²

表6-5 砂石路面损坏类型和权重

类型（i）	损坏名称	权重（w_i）	计量单位
1	路拱不适	0.1	长度/m（影响宽度：3.0 m）
2	沉陷	0.8	面积/m²
3	波浪搓板	1.0	面积/m²
4	车辙	1.0	长度/m（影响宽度：0.4 m）

续表

类型（i）	损坏名称	权重（w_i）	计量单位
5	坑槽	1.0	面积/m²
6	露骨	0.8	面积/m²

二、路面行驶质量

路面平整度用路面行驶质量指数（RQI）表示，用下式计算：

$$\text{RQI} = \frac{100}{1 + a_0 e^{a_1 \text{IRI}}} \tag{6-4}$$

式中，IRI 为国际平整度指数，单位为 m/km；a_0 为模型参数，高速公路和一级高速公路采用 0.026，其他等级高速公路采用 0.018 5；a_1 为模型参数，高速公路和一级高速公路采用 0.65，其他等级高速公路采用 0.58。

三、路面车辙

路面车辙用路面车辙深度指数（RDI）评价，按下式计算：

$$\text{RDI} = \begin{cases} 100 - a_0 \text{RD} & (\text{RD} \leqslant \text{RD}_a) \\ 60 - a_1 (\text{RD} - \text{RD}_a) & (\text{RD}_a < \text{RD} \leqslant \text{RD}_b) \\ 0 & (\text{RD} > \text{RD}_b) \end{cases} \tag{6-5}$$

式中，RD 为车辙深度，单位为 mm；RD_a 为车辙深度参数，采用 10.0；RD_b 为车辙深度限值，采用 40.0；a_0 为模型参数，采用 1.0；a_1 为模型参数，采用 3.0。

四、路面抗滑性能

路面抗滑性能用路面抗滑性能指数评价，按下式计算：

$$\text{SRI} = \frac{100 - \text{SRI}_{\min}}{1 + a_0 e^{a_1 \text{SFC}}} + \text{SRI}_{\min} \qquad (6\text{-}6)$$

在上式中，SFC 为横向力系数；$\text{SRI}_{\min}$ 为标定参数，采用 35.0；a_0 为模型参数，采用 28.6；a_1 为模型参数，采用 -0.105。

五、路面结构强度

路面结构强度采用路面结构强度系数（PSSI）作为评价指标，按下式计算：

$$\text{PSSI} = \frac{100}{1 + a_0 e^{a_1 \text{SSR}}}$$

$$\text{SSR} = \frac{l_d}{l_0} \qquad (6\text{-}7)$$

式中，SSR 为路面结构强度系数，即路面设计弯沉与实测代表弯沉之比；l_d 为路面设计弯沉，单位为 mm；l_0 为实测代表弯沉，单位为 mm；a_0 为模型参数，采用 15.71；a_1 为模型参数，采用 -5.19。

第二节　路基技术状况评定与养护

一、路基技术状况评定

路基是高速公路的基本组成部分，路基和路面一起，共同承受行车荷载与自然因素的作用。路基是路面的基础，可为路面结构长期承受汽车荷载提供重要的保证。路基的强度与稳定性将直接影响路面的使用性能，路面的损坏通常又和路基的排水不畅、路基构筑物的损坏有关。因此，有必要对路基工程的工作性能进行评价，从而为路基养护工作提供决策依据。

在《公路技术状况评定标准》（JTG 5210—2018）中，将路基的损坏分为七类：路肩损坏、边坡坍塌、水毁冲沟、路基构造物损坏、路缘石缺损、路基沉降、排水不畅。各类损坏进行了严重程度的划分并赋予了不同的权重。

路基技术状况采用路基技术状况指数（SCI）进行评价，按下式计算：

$$\mathrm{SCI} = \sum_{i=1}^{8} w_i \left(100 - \mathrm{GD}_{i\mathrm{SCI}}\right) \tag{6-8}$$

在上式中，$\mathrm{GD}_{i\mathrm{SCI}}$ 为第 i 类路基损坏的总扣分，最高分值为 100，按表 6-6 的规定计算；w_i 为第 i 类路基损坏的权重，按表 6-6 取值；i 为路基损坏类型。

表 6-6　路基损坏扣分标准

类型（i）	损坏名称	损坏程度	计量单位	单位扣分	权重（w_i）
1	路肩损坏	轻	m²	1	0.10
		重		2	
2	边坡坍塌	轻	处	20	0.25
		中		50	
		重		100	

续表

类型（i）	损坏名称	损坏程度	计量单位	单位扣分	权重（w_i）
3	水毁冲沟	轻	处	20	0.15
		中		30	
		重		50	
4	路基构造物损坏	轻	处	20	0.10
		中		50	
		重		100	
5	路缘石缺损		m	4	0.05
6	路基沉降	轻	处	20	0.25
		中		30	
		重		50	
7	排水不畅	轻	处	20	0.10
		中		50	
		重		100	

高速公路部门进行路基调查后，计算路基技术状况指数，可对路基使用状态进行评价，并建立相应的路基养护对策。

二、路基养护

为保证路基的坚实稳定，必须及时对路基进行养护、维修与改善。高速公路路基养护应符合如下要求：①通过日常巡查，发现病害及时处治，保持良好稳定的技术状况；②路肩无病害，边坡稳定；③排水设施无淤塞、无损坏，排水畅通；④挡土墙等附属设施良好；⑤加强不良地质中期边坡崩塌、滑坡、泥石流等灾（病）害的巡查、防治、抢修工作。具体包括如下内容：

（一）路肩与边坡

高速公路路肩应保持平整、坚实，横坡适顺，排水顺畅。土路肩或草皮路肩的横坡应略大于路面横坡，硬路肩与路面同坡。硬路肩产生病害应参照同类型路面病害处治。

土路肩可种植草皮或利用天然草加固路肩，草皮或天然草应定期修剪，草高不宜超过 150 mm。

路基边坡应保持平顺、坚实，遇有缺口、坍塌、高边坡碎落、侧滑等病害，应分别针对具体情况采取各种相应的加固整修措施。

边坡稳定是保持路基稳定的必要条件，为使边坡状况尽可能与周围环境相协调，应优先采取植物防护坡面技术，也可采用液压喷播、客土喷播、岩质坡面喷混植生技术。对于土质边坡，河滩、河岸、常年受水淹和风浪侵袭的路堤边坡，以及经常有浮石坠落或土块坍落的路堑高边坡，可采取抛石防护、石笼防护、浆砌或干砌块（片）石护坡，或挡土墙防护，也可采用喷混凝土、设置碎落台等措施。

（二）排水设施

路基排水设施应保持排水畅通，如有冲刷、堵塞和损坏，应及时疏通、修复或加固。路基排水设施断面尺寸和纵坡应符合原设计标准规定。

对暗沟、渗沟等隐蔽性排水设施，应加强检查，防止淤塞。如有淤塞，应及时修理、疏通。

原有排水设施不能满足使用要求时，应适时增设和完善。新增排水设施时，其设计、施工应符合现行《公路路基设计规范》（JTG D30—2015）和《公路路基施工技术规范》（JTG/T 3610—2019）的有关规定。

（三）挡土墙

对挡土墙应加强检查，发现病害应查明原因，并观察其发展趋势，采取相应的修复、加固等措施，损坏严重时，可考虑全部或部分拆除重建。

应保持挡土墙的泄水孔畅通，定期检查和维修，清理伸缩缝、沉降缝，使其正常发挥作用。重建或增建挡土墙，应根据高速公路所在地区地形及水文地质等条件合理选择挡土墙类型，并应符合现行《公路路基设计规范》（JTG D30—2015）和《公路路基施工技术规范》（JTG/T 3610—2019）有关规定。

当挡土墙发生倾斜、局部鼓出、滑动或下沉等病害时，可采取下列方法进行加固：①锚固法，适用于水泥混凝土或钢筋混凝土挡土墙，采用直径大于 25 mm 的高强螺纹钢筋做锚杆，采用水泥砂浆固定锚杆；②套墙加固法，在原挡土墙外侧加宽基础、加厚墙体，应注意新旧基础、墙体的结合；③增建支承墙加固法，在挡土墙外侧每隔一段间距增建支承墙。

第三节　路面技术状况评定

在汽车和自然因素的反复作用下，路面结构的使用性能会发生改变，路面结构会逐渐出现破损，最终不能满足使用性能的要求，如图6-1所示。

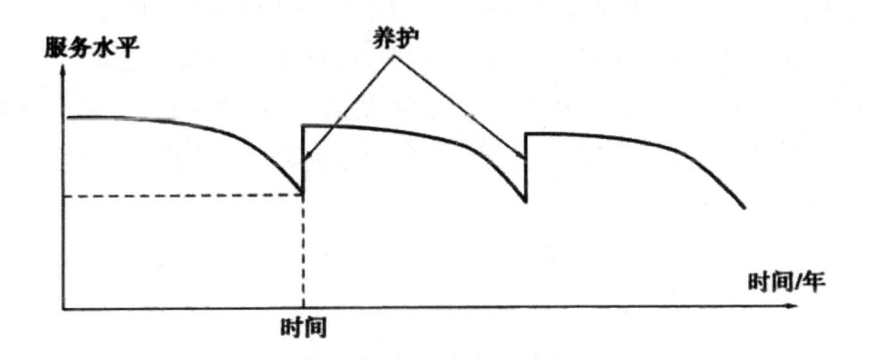

图 6-1　路况随时间的变化曲线

在路面使用过程中，必须采取相应的养护、补强和改建措施，使路面的使用性能得到部分恢复，甚至提高。

为了了解和掌握路面使用性能的变化情况，以便及时采取各种养护和改建措施，延缓其衰变或恢复其性能，必须定期对路面的使用性能进行评定。路面使用性能包括功能、结构和安全三个方面。

路面功能是指路面为道路使用者提供的舒适程度。路面结构是指路面的物理状况，包括路面损坏状况和结构承载能力。路面安全是指路面的抗滑能力。功能和安全方面的使用性能是道路使用者所关心的内容，道路管理部门则更注重结构方面的使用性能。路面使用性能的三个方面既有区别又有一定的联系。

一、路面破损状况

路面结构的损坏状况,反映了路面结构在行车和自然因素作用下保持完整性或完好的程度。新建或改建的路面,都需采取日常养护措施进行保养,以延缓路面损坏的出现;而在路面结构出现损坏后,应及时采取相应的维修措施以减缓损坏的发展速度;当路面损坏状况恶化到一定程度后,便需采取改建或重建措施以恢复其结构完好程度。因而,路面结构损坏的发生和发展同路面养护和改建工作密切相关。

路面结构出现损坏,会在不同程度上影响路面的平整度。因而在一定程度上,可以通过平整度指标反映路面的损坏状况。然而,平整度的好坏还同路面施工质量等因素有关,并且主要反映道路使用者的要求和利益。因此,路面结构损坏状况是道路管理部门所关注的,据以鉴别需进行养护和改建的路段,以及选择宜采取的措施。

路面结构的损坏状况,需从三个方面进行描述:①损坏类型;②损坏严重程度;③出现损坏的范围或密度。综合这三个方面,才能对路面结构的损坏状况作出全面的估计。

(一)损坏类型

促使路面出现损坏的原因是多方面的(荷载、环境、施工、养护等),因为结构损坏所表现出的形态和特征也是多种多样的。各种损坏对路面结构完好程度和路面使用性能有不同程度的影响,需相应采取不同的养护或改建对策。因此,进行路面结构损坏状况调查前,要依据损坏的形态、特征和肇因对损坏进行分类,并明确每一类损坏的定义。

高速公路常遇到的主要损坏类型,可按损坏模式和影响程度的不同分为以下四类:①裂缝或断裂类,路面结构的整体性因裂缝或断裂而受到破坏;②永久变形类,路面结构虽仍保持整体性,但形状在各种因素的作用下产生较大的变化;③表面损坏类,路面表层部分出现局部缺陷,如材料散失或磨损等;④接缝损坏类,水泥混凝土接缝及其邻近范围出现局部损坏。路面损坏分类如表6-7所示。

表 6-7 路面损坏分类

类型	沥青路面	类型	水泥路面
裂缝或断裂	纵向裂缝	裂缝或断裂	纵向裂缝
	横向裂缝		横向裂缝
	龟裂		斜向裂缝
	块裂		角隅裂缝
	温度裂缝	永久变形	沉陷
	反射裂缝		隆起
永久变形	车辙	表面损坏	纹裂或起皮
	波浪拥包		
	沉陷		
	隆起		坑洞
表面损坏	泛油	接缝损坏	填缝料损坏
	松散		接缝碎裂
	坑槽		拱起
	磨光		唧泥
	露骨		错台

（二）损坏分级

各种路面损坏都有产生和发展的过程，在这一过程中，处于不同阶段的损坏对路面使用性能有不同程度的影响。例如，裂缝初现时，缝隙细微，边缘处材料完整，因而对行车舒适性的影响极小，裂缝间也尚有较高的传荷能力；而发展到后期，缝隙变得很宽，边缘处严重碎裂，行车出现较大颠簸，裂缝间已几乎无传荷能力。因此，为了区别同一种损坏对路面使用性能的不同影响程度，需按影响的严重程度将各种损坏划分为几个等级（一般为 2~3 个等级）。

对于断裂或裂缝类损坏，分级时主要考虑对结构整体性影响的程度，可采用缝隙宽度、边缘碎裂程度、裂缝发展情况等指标表征。对于变形类损坏，主要考虑对行车舒适性的影响程度，可采用平整度作为指标进行分级。对于表面损坏类，往往可以不分级。具体指标和分级标准，可根据各地区的特点和其他考虑经过调查分析后确定。损坏严重程度分级的调查，往往通过目测进行。为了使不同的调查人员得到大致相同的判别，对分级的标准要有明确的规定。

对于沥青路面和砂石路面各种损坏出现的范围，通常按面积、长度或条数量测，除以被调查子路段的面积或长度后，以损坏密度计（以%或 $\sum \dfrac{条数}{子路段长}$ 表示）。而对于水泥混凝土路面各种损坏出现的范围，则应调查出现该种损坏的板块数，以损坏板块数占该子路段总板块数的百分率计。

（三）损坏调查

损坏调查通常由调查小组沿线通过目测进行。调查人员鉴别调查路段上出现的损坏类型和严重程度，并丈量损坏范围，记录在调查表格上。同一个调查路段上如出现多种损坏或多种严重程度，应分别计量和记录。

目测调查很费时，如果调查的目的不是确定养护对策和编制养护计划，则可采用抽样调查的方法，不必对整个路网的每一延米的各种损坏都进行调查。通常，可采取每 1 000 m 抽取其中 100 m 长的路段代表该千米路段的方法，但每次调查都要在同一路段上进行，以减少调查结果的变异性和保证调查结果的可比性。

（四）损坏状况评价

每个路段的路面可能出现不同类型、不同严重程度、不同范围的损坏。为了使各路段的损坏状况或程度可以进行定量比较，需采用一项综合评价指标，把这三个方面的状况和影响综合起来。通常采用的是扣分法，即选择一项损坏状况度量指标，以百分制或十分制计量，对于不同的损坏类型、严重程度和范围规定不同的扣分值，在按路段的损坏状况累计其扣分值后，以剩余的数值表征或评价路面结构的完好程度。

二、路面行驶质量

路面的基本功能是为车辆提供快速、安全、舒适和经济的行驶表面。路面行驶质量反映了路面满足这一基本功能的能力。

路面行驶质量的好坏，同路面表面的平整度特性、车辆悬挂系统的振动特性、人对振动的反应或接受能力三个方面的因素有关。从路面状况的角度来看，影响路面行驶质量的主要因素是路面平整度。

路面平整度可定义为路面表面诱使行驶车辆出现震动的高程变化。路面不平整所引起的车辆震动，会对车辆磨损、燃油消耗、行驶舒适、行车速度、路面损坏和交通安全等多方面产生直接影响。因此，平整度是度量路面行驶质量的一项性能指标。

（一）平整度测定方法

有多种路面平整度测定方法，可划分为两大类型：①断面类平整度测定；②反应类平整度测定。

1.断面类平整度测定

断面类平整度测定是指直接沿行驶车辆的轮迹测路面表面的高程，得到路表纵断面，在进行数学分析后采用综合统计量作为其平整度指标。属于这一类的方法主要有以下几个：

（1）水准测量

采用水准仪和水准尺沿轮迹测路面表面的高程，由此得到精确的路表纵断面。这是一种测定结果较稳定的简便方法，但测量速度很慢，很费工。

（2）梁式断面仪

用 3 m 长的梁（或直尺）连续量测轮迹处路表同梁底的高程差，由此得到路表纵断面。这种方法较水准测量的测定速度要快些。

（3）惯性断面仪

在测试车车身上安置竖向加速度计，以测定行驶车辆的竖向位置变化。车身同路表面之间的距离，利用激光、超声等传感器进行测定。两方面测定结果叠加后，便可得到路表面纵断面。

断面类平整度测定方法的主要优点是可直接得到轮迹带路表面的实际断面，据此可以对路面平整度的特性进行分析。而其主要缺点是，测定速度太慢，不宜用于大范围的平整度数据采集。对于惯性断面仪来说，仪器精密度高，操作和维修技术要求高，因而其广泛应用受到了限制。

2.反应类平整度测定

反应类平整度测定系统是在主车或拖车上安装由传感器和显示器组成的仪器，可以传感和累积车辆以一定速度驶经不平路表面时悬挂系统的竖向位移量。显示器记下的测定值通常是一个计数值，每计一个数相应于一定的悬挂系位移量。

反应类平整度测定系统的优点是价格低廉、操作简便,可用于大范围内的路面平整度快速测定。然而,由于这类测定系统是对路面平整度的一个间接度量,其测定结果同测试车辆的动态反应状况有关,也就是随测试车辆机械系统的振动特性和车辆行驶的速度变化,因此它存在以下几个缺点:①时间稳定性差——同一台仪器在不同时期测定的结果,会因车辆振动特性随时间的变化而不一致;②转换性差——不同部门测定的结果,由于所用测试车辆振动特性的差异而难以进行对比;③不能给出路表的纵断面。

为克服上述第一个缺点,需经常对测定仪器进行标定。标定路段的平整度采用断面类平整度测定方法测定。测定仪器在标定路段上的测定结果与标准结果建立回归关系,即标定曲线。利用此曲线,可将不同时期的测定结果进行转换。

为克服上述第二项缺点,需寻找一个通用的平整度指标,以便把不同仪器或不同部门定的结果统一转换成以这个通用指标表示的平整度值。这样就能够对它们进行相互比较了。

(二)国际平整度指教

反应类平整度仪测定的结果,通常以车辆行驶一段距离后的累积计数值表示。如果把每一种反应类平整度仪的计数以相应的悬挂系竖向位移量表示,则测定结果以 m/km 表示,它反映了单位行驶距离内悬挂系的累积竖向行程。这是一个类似于坡度的单位,称作平均调整坡(ARS)。

以 ARS 作为指标表示测定结果时,不同反应类平整度仪测定之间可以建立良好的相关关系,但这种关系只能在测定速度相同的条件下才能成立,因而必须按速度分别建立回归方程。

国际平整度指数(IRI)是一项标准化的平整度指标。它同反应类平整度测定系统类似,但是采用数学模型模拟 1/4 车(即单轮,类似于拖车)以规定速度(80 km/h)行驶在路面上,分析具有特定特征参数的悬挂系在行驶距离内由于动态反应而产生的累积竖向位移量。分析结果也以 m/km 表示。因而,这一指标与反应类仪器的 ARS 相似,称作参照平均调整坡。

上述分析过程已编成电算程序。在量测到路表纵断面的高程资料后,便可利用此程序计算该段路面平整度的国际平整度指数。对标定路段的平整度,按上述方法用国际平整度指数表征,而后同反应类平整度仪的测定结果建立标定曲线,则使用此类标定曲线便可克服反应类平整度仪转换性差的缺点。

(三) 行政质量评价

路面行驶质量同路表面的不平整度、车辆的动态响应和人的感受能力三个方面的因素有关。因而，不同的乘客乘坐同一辆车行驶在同一个路段上，由丁不同的人对行驶舒适性的要求和对颠簸的接受能力不同，对该路段的行驶质量会作出不同的评价。

评价一般带有个人主观性，为了避免随意性，应该采用主客观相结合的评价方法。一方面邀请具有不同代表性的乘客，分别按各人的主观意见进行评分，而后汇总大家的评价，以平均评分值代表众人的评价。另一方面对各评价路段进行平整度量测。通过回归分析建立主观评分同客观量测结果的相关关系。由此建立的评价模型，便可用来对路面行驶质量进行较统一的评价。

对行驶质量的评价可以采用 5 分或 10 分评分制。评分小组的成员应能覆盖对行驶舒适性有不同反应的各类人员（不同职业、年龄、社会经济和文化背景等）。所选择的评分路段，其平整度和路面类型应能覆盖可能遇到的范围和情况。

评分时所乘坐的车辆应为振动特性具有代表性的试验车。在整个评分过程中，采用相同的试验车和行驶速度。在整理各评分路段的主观评分和客观量测结果后，通过回归分析可建立线性或非线性的评价模型，利用评价模型可以对路面行驶质量的好坏作出相对的评价。然而，还需要建立行驶质量的标准，以衡量该评价对使用性能最低要求的满足程度。

行驶质量标准的制定，一方面依赖于乘客对行驶舒适性的要求，另一方面在很大程度上受经济因素的制约。标准定得过高，会使路网内许多路段的路面需采取改建措施，从而提高所需的投资额。

三、路面抗滑性能

路面抗滑性能是指车辆轮胎受到制动时沿路表面滑移所产生的抗滑力。通常，抗滑性能被看作路面的表面特性，并定义为：

$$f = \frac{F}{W} \tag{6-9}$$

式中，f 为摩阻系数；F 为作用于路表面的摩阻力；W 为垂直于路表面的荷载。

然而，笼统地说路面具有某一摩阻系数值是不确切的。应该对轮胎在路面上的滑移条件给予规定。不同的条件和测定方法，可以得到不同的摩阻系数值。因此，需规定标准的测定方法和条件。

（一）测定方法

1.路面纵向摩擦系数测定仪

这种仪器是在牵引车不停且快速行驶下进行测定的，其结构与功能如图 6-2 所示。

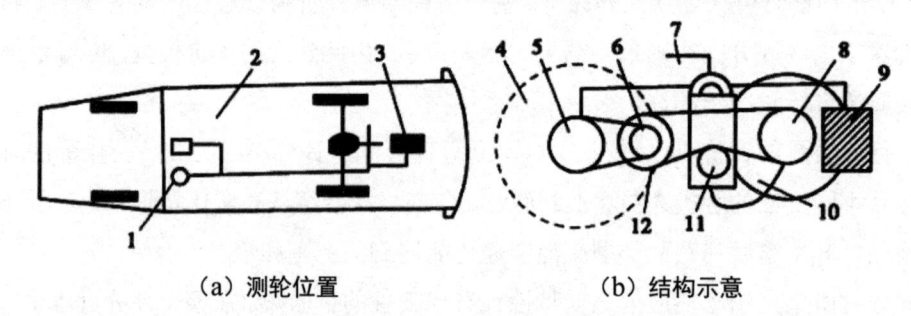

（a）测轮位置　　　　（b）结构示意

1—操纵盘；2—车底；3—测轮；4—汽车后轮；5—汽车后轴；6—变速轮；
7—液压操纵；8—测轮齿；9—压重；10—传力管；11—换速拉杆；12—齿轮

图 6-2　纵向摩擦系数测定仪结构功能图

根据物体摩擦的概念，在测轮降至路面的一刹那，路面摩擦力就对测轮产生了物理作用。此时，与测轮连接的传感器对测轮的滑滚计力，那么此时的滑滚平均摩擦系数即在该测速与温度下的摩擦系数值。路面摩擦力越大，则相应的摩擦系数越大；反之，摩擦系数越小。路面摩擦系数用下式表示：

$$f_{vm} = \frac{F_m}{P} \qquad (6-10)$$

式中，f_{vm} 为路面纵向摩擦系数，以小数计；F_m 为在一定测速与温度下传感器对测轮的纵向拉力，即单位摩擦力，单位为 kN 或 MPa；P 为测轮对路面的单位压力，单位为 kN 或 MPa。因为测速可以控制，所以在公式中未介入速度因子。

快速摩擦系数测定仪所测的路面摩擦系数呈锯齿线分布。快速摩擦系数测定时的测速影响测轮接触路面面积。随着测速（牵引车速度）的加大，轮胎在路面上的印迹逐渐变小。当测速为 0 km/h 时，印迹为 100%；当测速为 60 km/h 时，印迹只达到零速时的 64%；当测速达到 120 km/h 时，印迹只有零速时的 4%。因此，在快速测轮中必须注意，一种测速对应一种印迹，不能互用。实际上，这种互用的状态均由电脑自身控制。由于测轮正压力为单位面积的压重，摩擦力也为单位面积的力，因此最终触地面积互相抵消，计算的摩擦系数在路面的一定范围内应该是一个常数。

2. 路面横向摩擦系数测定车

前面讲的是纵向摩擦系数的测定，即测量小轮与道路纵线平行。但从安全的角度看，国内外也在探求路面横向摩擦系数值的测定。横向摩擦系数测定仪的结构与纵向摩擦系数测定仪相仿，只要将测量小轮改为与纵向成 20°角就成为横向摩擦系数测定车。本法介绍 SCRIM 型的横向摩擦系数测定车，其主要组成如图 6-3 所示。

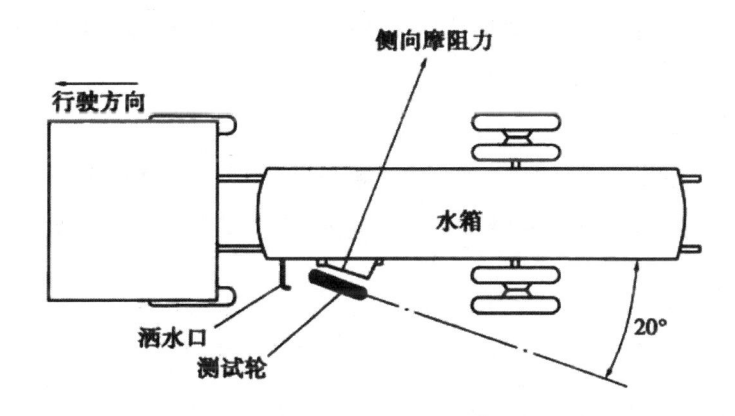

图 6-3 横向摩擦系数测定车机构示意图

按照仪器设备技术手册或使用说明书对测定系统进行标定，在检查时，必须在关闭发动机的情况下进行。标定按 SFC 值 10、20、30 等不同档次进行，满量程为 100 时的示数误差不得超过±2。

测试前应检查横向摩擦系数测定车系统的各项参数是否符合要求，检查外部警告标志是否正常，并将水箱储满水；将测试轮安装紧固且保持在升起的位置上；让记录装置处于正常使用状态；安装足够的打印纸；打开记录系统预热不少于 10 min。

根据需要确定采用连续测定或断续测定的方式、每千米测定的长度。选择并设定"计算区间"，即输出一个测定数据的长度。标准的计算区间为 20 m，根据要求也可选择 5 m 或 10 m。根据要求设定为单轮测试或双轮测试。输入所需的说明性预设数据，如测试日期、路段编号、里程桩号等。然后发动车辆驶向测试地段。

在测试路段起点前约 500 m 处停住，开机预热不少于 10 min。降下测试轮，打开水阀，检查水流情况是否正常以及水流是否符合需要，检查仪表各项指数是否正常，然后升起测试轮，将车辆驶向测试路段，提前 100～200 m 降下测试轮。测定车的车速可根据高速公路等级的需要选择，除特殊情况外，标准车速为 50 km/h，测试过程中必须保持匀速。进入测试段后，按开始键开始测试。在显示器上监视测试运行变化情况，检查速度、距离有无反常波动，当需要标明特征（如桥位、路面变化等）时，操作功能键插入数据流中，整千米里程桩也应作相应的记录。

测定的摩擦系数数据存储在磁盘或磁带中，摩擦系数测定车 SCRIM 系统配有专门的数据程序软件，可计算和打印出每一个计算区间的摩擦系数值、行程距离、行驶速度、统计个数、平均值及标准差，同时还可打印出摩擦系数的变化图。可根据要求，将摩擦系数在 0～100 范围内分成若干区间，作出各区间的路段长度占总测试里程百分比的统计表。

3.制动距离法

以一定速度在潮湿路面上行驶的 4 轮小客车或轻化车，当 4 个车轮被制动时，车辆减速滑移到停止的距离，可用以表征非稳态的抗滑性能，以制动距离数 SDN 表示：

$$\mathrm{SDN} = \frac{v^2}{225 L_\mathrm{s}} \qquad (6\text{-}11)$$

式中，v 为刹车开始作用时车辆的速度，单位为 km/h；L_s 为滑移到停车的距离，单位为 m。

测试路段应为材料组成均匀、磨耗均匀和龄期相同的平直路段。测试前和每次测定之间，先洒水润湿路表面到完全饱和。制动速度以 64.4 km/h 为标准速度，也可采用其他速度，但不宜低于 32 km/h。

4.锁轮拖车法

装有标准试验轮胎的单轮拖车由汽车拖拉，以要求的测定速度在洒水润湿的路面上行驶。抱锁测试轮，通过测定牵引力确定在载重和速度不变的状态拖拉测试轮时作用在轮胎和路面间的摩阻力。以滑移指数 SN 表征路面的抗滑性能：

$$\mathrm{SN} = F / W \times 100 \qquad (6\text{-}12)$$

式中，F 为作用在试验轮胎上的摩阻力，单位为 N；W 为作用在轮上的垂直荷载，单位为N。

轮上的载重为4 826 N，标准测试速度为64.4 km/h。牵引力由力传感器量测，速度由第五轮仪量测。

5. 偏转轮拖车法

拖车上安装有两只标准试验轮胎，它们对车辆行驶方向偏转一定的角度（7.5°～20°）。汽车拖拉以一定速度在潮湿路面上行驶时，试验轮胎受到侧向摩阻力的作用。记下此侧向摩阻力，除以作用在试验轮上的载重，可得到以侧向力系数 SFC 表征的路面抗滑性能：

$$\text{SFC} = \frac{F_s}{W} \tag{6-13}$$

式中，F_s 为作用在试验轮胎上的侧向摩阻力，单位为 N；W 为作用在轮胎上的垂直荷载，单位为 N。

锁轮拖车法和偏转轮拖车法都具有测定时不影响路上交通，可连续并快速进行的优点。

6. 可携式摆式仪法

可携式摆式仪是一种主要在室内量测路面材料表面摩阻特性的仪器，也可用于野外量测局部路面范围的抗滑性能。

摆式仪的摆锤底面装一橡胶滑块，当摆锤从一定高度自由下摆时，滑动面同试验表面接触。由于两者间的摩擦而损耗部分能量，使摆锤只能回摆到一定高度。表面摩阻力越大，回摆高度越小。通过量测回摆高度，可以评定表面的摩阻力。回摆高度直接从仪器上读得，以抗滑值 BPN 表示。

（二）抗滑性能评价

影响路面抗滑性能的因素有路面表面特性（细构造和粗构造）、路面潮湿程度和行车速度。

路表面的细构造是指集料表面的粗糙度，它随车轮的反复磨耗作用而逐渐被磨光。通常采用石料磨光值（PSV）表征其抗磨光的性能。细构造在低速（30～50 km/h 以下）时对路表抗滑性能起决定作用，而高速时起主要作用的是粗构造。粗构造是由路表外露集料间形成的构造,其功能是使车轮下的路表水迅速排除,以避免形成水膜,它由构造深度表征其性能。

路表面应具有的最低抗滑性能,视道路状况、测定方法和行车速度等条件而定。各国根据对交通事故率的调查和分析,以及同路面实测抗滑性能间建立的对应关系,制定有关抗滑指标的规定。有的国家除了规定抗滑性能的最低标准,还对石料磨光值和构造深度的最低标准作出了规定。

第四节　路面养护一般对策

路面养护应符合下列要求:①经常清扫路面,及时清除杂物、清理积雪积冰,保持路面整洁,做好路面排水;②加强路况巡查,发现病害,及时进行维修、处治。

应定期对路面的技术状况进行调查和评定。应以路面管理系统分析结果为依据,科学制定高速公路养护维修计划。路面技术状况各分项指标低于规定值时,应采取相应措施恢复或提高。大交通量路段应制定科学合理的交通组织方案,减少对通行车辆的影响。

一、沥青路面养护

高速公路沥青路面养护应符合下列要求:对沥青路面应进行预防性、经常性和周期性养护,加强路况巡查,掌握路面的使用状况,根据路面的实际情况制定日常小修保养和经常性、预防性、周期性养护工程计划;对于较大范围的路面损坏和达到或超过设计使用年限的路面,应及时安排大中修或改建工程;及时掌握路面的使用状况,加强小修保养,及时修补各种破损,使路面保持整洁、良好的技术状况。

沥青路面养护质量的评定等级分为优、良、中、次、差五个等级,按现行《公路技术状况评定标准》(JTG 5210—2018)评定,并应按以下情况分别采取各种养护对策:①在满足强度要求的前提下,当高速公路及一级公路的路面损坏状况指数

（PCI）评价为优、良，或者二级及二级以下公路的路面损坏状况指数评价为优、良、中时，以日常养护为主，并对局部破损进行小修；当高速公路及一级公路的路面损坏状况指数评价为中及中以下，或者二级及二级以下公路的路面损坏状况指数评价为次及次以下时，应采取中修罩面措施。②在强度不能满足要求时，应采取大修补强措施以提高其承载能力。③当高速公路及一级公路的路面行驶质量指数（RQI）评价为优、良，或者二级及二级以下公路路面行驶质量指数评价为优、良、中时，以日常养护为主；当高速公路及一级公路的路面行驶质量指数评价为中及中以下，或者二级及二级以下公路的路面行驶质量指数评价为次及次以下时，应采取罩面等措施改善路面的平整度。④高速公路及一级公路抗滑能力不足（SFC<40）的路段，或二级及二级以下公路抗滑能力不足（SFC<35.5）的路段，应采取加铺罩面层等措施，提高路表面的抗滑能力。⑤当路面不适应现有交通量或荷载的需要时，应通过提高现有路面的等级或通过加宽等改建措施提高高速公路的通行能力和服务质量。⑥大、中修及改建工程的结构类型和厚度，可根据高速公路等级、交通量、当地经济条件和已有经验，通过设计确定。

二、水泥路面养护

水泥混凝土路面养护应符合下列要求：做好预防性、经常性的保养和破损修补，保持路面处于良好的技术状况与服务水平，并应保持路容整洁，定期进行清扫保洁。

水泥混凝土路面的接缝应保持良好，表面平顺。填缝料凸出板面的高度，高速公路及一级公路不得超过 3 mm，其他等级高速公路不得超过 5 mm。当填缝料局部脱落、缺损时，应及时灌缝填补；当填缝料老化、接缝渗水严重时，应及时进行整条接缝的填缝料更换。在填缝料更换前，应清除原接缝内的填缝料和杂物。在新灌注填缝料时，应做到饱满、密实、黏结牢固。

日常巡查是对水泥混凝土路面外观状况进行的日常巡视检查，主要检查拱起、沉陷、错台等病害，以及路面油污、积水、结冰等诱发病害的因素和可能妨碍交通的路障。巡查频率应不小于 1 次/天。雨季、冰冻季节和遇台风暴雨等灾害性气候，应加强日常巡查工作。日常巡查可以车行为主，采用观察、目测及人工计量，定性与定量观测相结合的方法，重要情况应予摄影或摄像。发现妨碍交通的路障应及时清除，一时无法清除的，应采取相应的安全措施。

水泥混凝土路面的养护质量评定等级分优、良、中、次、差五个等级。

高速公路及一级公路的路面损坏状况指数评价为优和良，二级及二级以下公路的路面损坏状况指数评价为中及中以上时，可采取日常养护和局部或个别板块修补措施。

高速公路及一级公路的路面损坏状况指数评价为中及中以下，二级及二级以下高速公路的路面损坏状况指数评价为次及次以下时，就采取全路段修复或改善措施。

高速公路及一级公路的路面行驶质量指数、抗滑性能指数评价为中及中以下，二级及二级以下高速公路的路面行驶质量指数、抗滑性能指数评价为次及次以下时，应分别采取措施，改善路面平整度，提高路表面的抗滑能力。

路面结构承载能力不满足现有交通的要求时，应采取铺筑沥青混凝土或水泥混凝土加铺层措施，提高其承载能力。

第五节　路面病害及防治

一、沥青路面病害及防治

（一）沥青路面病害及成因

沥青路面损坏病害分为4类19项：①永久变形（变形类）——车辙、波浪拥包、搓板、沉陷；②裂缝（裂缝类）——纵裂、横裂、不规则裂、块裂、龟裂；③水损害（松散类）——松散、剥落、坑槽、啃边、唧浆；④表面功能衰减（其他类）——泛油、磨光、修补、冻胀、翻浆。

常见病害成因如下：

1.泛油

泛油大多是由于混合材料中沥青用量偏多，沥青稠度太低等原因引起。但有时也可能由于低温季节施工，表面嵌缝料散失过多，待气温变暖后，在行车作用下矿料下挤，沥青上泛，表面形成油斑。

2.波浪拥包

在行车水平力的作用下,若沥青面层材料的抗剪强度不足,则易产生推挤拥包。这类病害大多是由于所用的沥青稠度偏低、用量偏多,或因混合料级配不好、细料偏多而产生的。此外,面层较薄以及面层与基层的黏结较差,也易产生推挤、拥包。

3.裂缝

(1)横向裂缝

这种病害比较普遍,主要由荷载、沥青面层温度收缩和半刚性基层的干缩引起。横向裂缝可分为荷载性裂缝和非荷载性裂缝两大类。荷载型裂缝是由于车辆荷载作用,致使沥青面层或半刚性基层内产生的拉应力超过其疲劳强度而产生的。非荷载性裂缝有两种情况:沥青面层温度型裂缝和基层反射型裂缝。

(2)纵向裂缝

纵向裂缝可分为两种情况:一种情况是由路基压实度不均匀、路面不均匀沉陷引起的,如发生在半填半挖处的裂缝;另一种情况是在沥青面层分幅摊铺时,两幅接茬未处理好,在行车载荷作用下易形成纵缝,有时车辙边缘也会有纵裂缝。

(3)网状裂缝

网状裂缝是指裂缝纵横交错成网的情况。

4.松散、坑槽

集料含泥量超标,颗粒被大量的粉尘包裹,会使沥青膜黏结在粉尘上,而不是黏结在集料颗粒上,表面的摩擦力磨掉沥青膜,并使集料颗粒脱落。

表面离析处往往缺少大部分细集料,离析面上粗集料与粗集料接触,但只有在少数接触点沥青膜与集料黏结。随着时间增长,沥青会老化,沥青膜剥落会使沥青与集料分离。

施工时混合料温度太高,使沥青老化,黏结力降低,沥青与集料黏结不牢。施工时混合料温度过低,压实度达不到要求,水进入混合料的空隙后,在荷载作用下往复抽吸冲刷,以及发生冻融循环,导致沥青与集料分离。

沥青面层个别地方厚度不足,在行车作用下,部分混合料易被"带走",导致松散坑槽。

5.车辙

①结构型车辙是由于荷载的作用发生在沥青面层以下,包括路基在内的各结构层的永久变形。这种车辙宽度较大,两侧没有隆起现象,横断面成凹字形。

②磨耗型车辙由于车辆不断地磨损路面而形成,多发于北方使用防滑链条及埋钉轮胎的地区。

③稳型车辙是在高温条件下,经车轮碾压反复作用,荷载应力超过沥青混合料的稳定度极限,使流动变形不断积累而形成的。这种车辙车轮作用部位下凹,车轮作用甚少的车道两侧向上隆起,在弯道处还明显向外推挤,车道线或停车线因此可能成为变形的曲线。

④压密型车辙是指混合料在施工过程中未能达到设计的压实度,开放交通后,在高温和重载交通共同作用下二次压密形成的车辙。

6.啃边

在行车作用和自然因素的影响下,沥青路面边缘不断缺损,参差不齐,路面宽度减小,这种现象称为啃边。产生啃边的原因是路面过窄,行车压到路面边缘而造成缺损,边缘强度不足,路肩太高或太低,雨水冲刷路面边缘。

(二)沥青路面常见病害防治措施

1.预防性养护

在发现沥青路面存在质量缺陷或者已经出现裂缝等轻微病害但不影响路面使用的情况下,可采取封填裂缝、雾封层、稀浆封层、超薄磨耗层等措施,封闭大气降水,恢复道路表面功能,避免病害进一步发展。

2.开窗修补

根据病害发生的位置,包括平面位置和深度位置,确定处置范围与处置深度以后,进行修复。开窗修补的关键在于修补料的压实及接缝的封堵。

3.大修

对已不能满足行车要求的沥青路面进行全面铣刨,然后重新摊铺压实新的沥青面层。如果技术条件允许,可综合考虑环境与经济因素,采用沥青混合料再生技术进行施工。目前沥青混合料再生技术有现场热再生、厂拌热再生、现场冷再生、厂拌冷再生等形式。

二、水泥路面病害及防治

（一）水泥混凝土病害

水泥混凝土路面常见的病害有两大类：一是水泥混凝土板损坏，二是接缝破损。其具体表现形式及成因如下：

1.水泥混凝土板破坏

水泥混凝土板破坏是指水泥混凝土高速公路在使用一段时间后，高速公路表面由各种原因引起的质量病害，主要体现在表面裂缝和贯通裂缝两个方面。表面裂缝是指水泥混凝土路面表面的裂缝，贯通裂缝则是指贯穿整个水泥混凝土板块厚度的裂缝。

（1）纵向裂缝

路基体填料、施工方法不当等导致路基不均匀沉降，使路面板在自重和行车压力作用下产生与路线走向平行或基本平行的裂缝。

（2）横斜向裂缝

由于水泥混凝土失水干缩、冷缩、切缝不及时等原因，水泥混凝土路面产生垂直于路线方向的有规则的裂缝。

（3）断角

由于胀、缩缝或施工缝填料选择不当，或者填缝料失效，路表水沿缝隙下渗，尤其是当板下基层排水不畅，或基层材料细料过多，基层材料耐冲刷性较差时，在车辆荷载反复作用下，真空吸力会使板角处产生唧泥，板下被冲刷掏空，造成板角应力集中，从而导致路面板出现断角。

（4）交叉裂缝和破碎板

交叉裂缝和破碎板是水泥混凝土路面的一种严重破坏形式，对行车的安全性和舒适性造成较大的影响。高速公路运输超载严重，路面板厚度不足或强度偏低，板底脱空，基层松散或强度不够，土基的不均匀沉降、地下水位过高、路基液化等都可能导致路面板出现交叉裂缝或破碎板。另外，当路面出现纵向、横向、斜向等各种裂缝时，如果养护不及时，路表水沿缝隙进入基层或路基，导致基层和路基浸水软化，在重载反复作用下，裂缝会进一步扩展，如此循环，久而久之，路面就会产生交叉裂缝，甚至出现破碎现象。

2.接缝破坏

接缝是水泥混凝土路面的薄弱环节,出现病害的概率大,类型也多。接缝类病害的发生范围虽然是局部的,但往往会使板块出现断裂,造成使用寿命迅速降低。

（1）接缝挤碎

接缝挤碎是指邻近接缝或裂缝数十厘米宽度范围内,出现未扩展至整个板厚的裂缝或者混凝土分裂碎块。接缝挤碎主要是由于接缝施工不当（接缝不垂直、上宽下窄,传力杆、拉杆设置不当等）,或者填缝料剥落、挤出、老化等。如果接缝内被硬石子阻塞,当混凝土伸胀时,混凝土板的上部产生集中压应力,在超过混凝土的抗剪强度时,板即发生剪切挤碎。如果接缝处两端混凝土强度不一致,由于传力杆的作用,同样会造成混凝土板破碎的现象,但这种情况一般在普通路段上比较少见,多出现在构造物接头部位。此外,板边混凝土振捣不密实,强度降低,或者接缝中渗入水后,导致基层、路基软弱和唧泥,沿接缝边缘处板底小范围脱落,在行车荷载的反复作用下,接缝也会碎裂。

（2）唧泥和板底脱空

唧泥和板底脱空病害是指板接裂缝或边缘下的基层细料被渗入并滞留在板底,并由此造成板底面与基层顶面出现局部范围脱空。接缝填缝料失效、基层材料不耐冲刷、接缝传荷能力差和重载反复作用是引起唧泥的主要原因。当高速公路排水系统不完善,如路面横坡设置不当或路基排水不畅时,路基、路面被水浸泡时,也会使路面产生唧泥现象,进而出现板底脱空现象。另外,基层材料局部松散,路基土压实不均匀或基底不均匀沉降同样会导致板底出现脱空。

（3）错台

错台不但会降低行车舒适性,还会造成路面面板开裂等其他病害。错台的原因有：雨水沿接缝渗入基层,在行车荷载作用下产生唧泥,同时相邻块之间产生抽吸作用,使细料向后方板移动、堆集,造成前板低,后板高的错台现象；基层不均匀的沉陷；基础抗冲刷能力较差,基层表面采用砂或石屑等松散细料。

（二）水泥路面病害常见养护维修措施

1.接缝修补

填缝料的修复办法较为简单,主要是将旧填缝料和接缝清干净,重新灌入新填缝料,其关键是保证填缝料的更换,应做到饱满、密实、黏结牢固,保持接缝完好,表面平顺,清缝、灌缝宜采用专用机具。同时，填缝料更换宜选在春、秋两季，或在当地年气温居中且干燥的季节进行。

2.裂缝修补

混凝土路面的裂缝情况比较复杂，修补时要根据具体的情况采取相应的修补措施，对混凝土路面裂缝的修补可采用压注灌浆法、扩缝灌浆法、直接灌浆法、条带罩面法和全深度补块法。各种修补方法的适用条件如下：①压注灌浆法，适合宽度在 0.8 mm 以下的非扩展性的表面裂缝修补；②扩缝灌浆法，适合宽度小于 3 mm 的轻微裂缝修补；③直接灌浆法，适合非扩展性裂缝的修补；④条带罩面法，适合贯穿全厚的大于 3 mm 小于 15 mm 的中等裂缝的修补；⑤全深度补块法，适合宽度大于 15 mm 的严重裂缝的修补，全深度补块分集料嵌锁法、刨挖法、设置传力杆法。对于表面裂缝较多及表面龟裂的混凝土路面，可把裂缝划为一个施工面，将施工面中的裂缝凿成一块 3~6 cm 凹槽，清干混凝土碎屑后，浇筑修补混凝土。

3.孔洞坑槽修补

孔洞、坑槽主要是由于混凝土材料中夹带块木、纸张和泥块等杂物所致，会影响行车的舒适性。其修补应根据不同情况采取相应的措施，对个别的坑洞，应清除洞内杂物，用水泥砂浆等材料填充，达到平整密实；对较多坑洞且连成一片的，应采取薄层修补方法进行修补；低等级高速公路对面积较大，深度在 3 cm 以内成片的坑洞，可用沥青混凝土进行修补。

4.错台的处治

水泥混凝土路面错台的处置方法，可根据板块错台的高度采取相应的修补方法：①磨平法，错台高度小于等于 10 mm，可采用磨平机磨平，或人工凿平；②填补法，高差大于 10 mm 的严重错台，可采用沥青砂或水泥混凝土进行处治。

5.板体拱起处治

当胀缝的上部被硬物堵塞，缝两旁的板体因受热伸长而引起板拱起时，应立即用大切缝机将板拱起的部分切除，使相邻板放平，并在缝隙内灌填缝料。

6.路面磨光处治

为了改善水泥混凝土路面的防滑性能，可采用刻槽机对磨光的路面进行刻槽处理。

7.板下封堵

板下封堵是指对水泥混凝土路面板下和基层、垫层中的细小空隙进行灌浆，以加固现有路面的技术。在修复水泥混凝土路面时，采用板下封堵的目的是恢复对路面结构的支承，它是通过向这些空隙灌浆而实现的。灌浆时要施加一定的压力，而施加的压力不应使路面板抬升。板下封堵作为一种预防性维护措施，应在板角刚出现支承丧失的情况时尽快进行。

8.加铺面层

（1）加铺水泥混凝土面层

在旧水泥混凝土路面上加铺水泥混凝土路面层的方法有分离式、直接式及结合式三种。结合式加铺层是指对旧水泥混凝土板采取一定技术处理后，使加铺层与旧水泥混凝土板完全黏结在一起，这时可认为层间的相对水平移为零，即连续接触。结合式加铺层水泥混凝土厚度一般不小于 10 cm。直接式加铺层是指加铺层直接铺筑在清扫和清洗之后的旧水泥混凝土板上，层间不做任何的处理，加铺层水泥混凝土路面厚度不小于 14 cm。分离式加铺层是指加铺层与旧水泥混凝土板之间设置一层隔离层，通常采用沥青砂或沥青混凝土，加铺层水泥混凝土层厚一般小于 18 cm。

（2）加铺沥青混凝土面层

在旧水泥混凝土路面上加铺沥青混凝土路面层的方法有直接加铺和碎石化后加铺两种方式。直接加铺适用于旧水泥板板角弯沉较小、板间传荷能力较好的情况，加铺之前还需对旧板的板缝进行清灌缝处理。对于旧板板角弯沉值偏大、板间传荷能力较差的水泥混凝土路面，宜采用将旧水泥板碎石化后进行加铺的方法，可有效预防加铺的沥青面层出现反射裂缝。常见的破碎方法有多边形钢轮压路机碾压破碎、多锤头设备破碎、门刀式设备破碎、共振碎石化设备破碎等。

第七章　高速公路沿线设施的维运养护

第一节　高速公路交通安全设施养护

一、高速公路交通安全设施养护内容及要求

（一）高速公路交通安全设施养护内容

交通安全设施应遵循"保障安全、提供服务、利于管理"的原则，保持完整、齐全和良好的工作状态。各种设施应加强养护，及时维修和更换损坏部件。设施不全或设施设置不合理的，应根据高速公路性质、技术等级和使用要求，有计划、有步骤地补充和完善。

（二）高速公路交通安全设施养护要求

交通安全设施的养护包括检查、保养维护和更新改造。检查包括经常检查、定期检查、特殊检查和专项检查。平时应加强日常巡查。

经常检查的频率不少于 1 次/月；定期检查的频率不少于 1 次/年；遭遇自然灾害、发生交通事故或出现其他异常情况时，应及时进行附加的特殊检查；设施更新改造之后，应进行全面的专项检查。

应结合设施特点，加强对交通安全设施的养护维修和更新改造。交通安全设施的养护应满足设施完整和外观质量、安装质量、技术性能等各项质量的要求。

对于事故多发路段和一些特殊路段，应结合高速公路安全保障工程的技术内容，及时改造、完善各种交通安全设施。

二、标志、标线的养护

（一）交通标志的养护

1.标志的养护要求

高速公路交通标志的养护应符合下列要求：
①交通标志应设置合理、结构安全，版面内容整洁、清晰。
②标志板、支柱、联结件、基础等标志部件应完整、无缺损且功能正常。
③标志应无明显歪斜、变形，钢构件无明显剥落、锈蚀。
④标志面应平整，无明显褪色、污损、起泡、起皱、裂纹、剥落等病害。
⑤标志的图案、字体、颜色等应符合相关标准要求。
⑥反光交通标志应保持良好的夜间视认性。

2.标志的检查

（1）日常巡查

对沿线交通标志进行日常巡查，并且每月夜间巡查一次，检查其是否受到沿线树木等障碍物的遮挡以及标志牌、支柱是否牢固，标志反光效果是否下降，反光膜是否有脱落、不平整现象。

（2）临时检查

遇有暴风雨等异常气候及洪水、地震等自然灾害或交通事故，应及时进行事前及事后的检查。检查内容如下：
①标志牌、支柱的变形、损坏、污秽及腐蚀情况。
②油漆及反光材料的褪色、剥落情况。
③标志牌设置的角度及安装情况。
④基础或底座情况。
⑤反光标志的反射性能（必须在夜间巡查）。
⑥标志牌缺乏情况。

3.标志的更换

①由于腐蚀（生锈）、破损而造成辨认能力下降或夜间反光标志反射能力降低的标志牌，应予以更换。

②缺失的应及时补充。
③更换材料必须与原材料保持一致或提高标准等级。

4. 标志的清洗
①交通标志每年必须清洗一次，保证所有标志清洁、醒目。
②有树木等遮挡时，必须清除阻碍视线的物体。

5. 标志的质量控制
因自然灾害、交通事故造成标志牌损坏、缺失，应及时进行维修、补充或加固。维修后的标志牌应恢复至原样。采用材料及结构形式同原标志，质量不得低于原标志。

（二）路面标线的养护

1. 标线的养护要求
路面标线的养护应符合下列要求：
①具有良好的可视性，边缘整齐、线形流畅，无大面积脱落。
②颜色、线形等应符合相关标准要求。
③反光标线应保持良好的夜间视认性。
④重新划设的标线应与旧标线基本重合。

2. 标线的养护与维修
路面标线养护可视路面标线损坏情况采用补画或重画两种养护方式，但不能局限于这两种方式。经养护后的路面标线必须具有正常的使用功能，其颜色、宽度、厚度应与原路面标线一致，材料、级配、工艺同原标线，施工质量不低于原标线。

路面标线的养护对策：
①标线污秽，影响美观及使用功能时，应及时进行补画。
②标线反光不均匀或反光效果差，应铲除后重新画线。
③标线磨损严重或脱落，影响使用功能时应重新画线或修复。
④标线局部缺损或被覆盖时，应在路面修复完工后予以重新画线。
⑤重新画线及修补时应注意与原标线的接头平顺、线形一致。

(三)凸起路标及轮廓标的养护

1.凸起路标

凸起路标的养护应符合下列要求:

①凸起路标应无严重的缺损。

②破损的突起路标应不对车辆、人员等造成伤害。

③凸起路标应无明显的褪色。

④凸起路标的光度性能应保持良好的夜间视认性。

2.轮廓标

轮廓标的养护应符合下列要求:

①轮廓标应进行表面清洗。

②轮廓标应无缺损。

③轮廓标应无明显的褪色。

④轮廓标的光度性能应保持良好的夜间视认性。

三、防护设施的养护

(一)护栏的养护

1.波形梁钢护栏

①保持波形梁钢护栏的结构合理、安全可靠。

②护栏板、立柱、柱帽、防阻块(托架)、坚固件等部件应完整、无缺损。

③护栏质量符合相关标准要求。

④护栏的防腐层应无明显脱落,护栏无锈蚀。

⑤护栏板搭接方向正确,螺栓坚固。

⑥护栏安装线形顺畅,无明显变形、扭转、倾斜。

2.水泥混凝土护栏

①保持水泥混凝土护栏线形顺畅、结构合理。

②水泥混凝土护栏应无明显裂缝、掉角、破损等缺陷。

③水泥混凝土护栏使用的水泥、砂、石、水、外加剂、钢筋等材料质量应符合相关

标准、规范及设计要求。

④水泥混凝土护栏的几何尺寸、地基强度、埋置深度，以及各块件之间、护栏与基础之间的连接应符合设计要求。

3.缆索护栏

①缆索护栏各组成部件应无缺损。

②缆索护栏各组成部件应无明显变形、倾斜、松动、锈蚀等现象。

③缆索护栏使用的缆索、立柱、锚具等材料质量应符合相关标准、规范及设计要求。

（二）隔离栅的养护

隔离栅的养护应符合下列要求：

①隔离栅应完整无缺，功能正常。

②隔离栅金属网片、立柱、斜撑、联结件、基础等部件无缺损。

③隔离栅质量应符合相关标准要求。

④隔离栅应无明显倾斜、变形，各部件稳固连接。

⑤隔离栅防腐涂层应无明显脱落、锈蚀现象。

（三）防眩设施的养护

防眩设施的养护应符合下列要求：

①防眩板、防眩网等防眩设施应完整、清洁，具有良好的防眩效果。

②防眩设施应安装牢固，无缺损。

③防眩设施应无明显变形、褪色或锈蚀。

④防眩设施的质量应符合相关标准要求。

（四）其他交通安全设施的养护

应保持里程碑、百米桩、道口标杆、高速公路界碑、防落网、锥形交通路标、高速公路防撞桶、减速垫、安全岛、平曲线反光镜、声屏障、示警标柱等交通安全设施的清洁完整和功能正常。

应选择恰当可行的方法对里程碑、百米桩、道口标杆、高速公路界碑、防落网、锥形交通路标、高速公路防撞桶、减速垫、安全岛、平曲线反光镜、声屏障、示警标柱等交通安全设施进行养护。

保持示警柱（护柱）位置正确、颜色鲜明、醒目，立柱垂直，保持良好的线形。养护人员应对全线的护柱进行经常性巡查，发现问题应及时予以处理，无法处理的应及时上报。管养单位应对全线护柱每年清洗一次并刷油漆，遇有局部不清洁部分要及时清洗。管养单位应及时更换、维修损坏的护柱，所有材料应与原护柱材料协调一致。

第二节　高速公路机电设施维护管理

一、高速公路机电设施维护内容及要求

做好高速公路机电系统维护工作是高速公路交通安全正常运行的重要保障，是实现高速公路现代化管理的基本条件，是提高高速公路服务质量和提供信息服务的必要基础。机电设备维护、系统维护和数据维护（硬件、软件）工作的特点是涉及面广、专业性强、维护要求高、难度大，应采取预防性、经常性、周期性的维护技术措施。

（一）高速公路机电设施维护内容

定期对监控系统的地图屏、投影显示屏、计算机系统、区域控制器、匝道控制器、车辆检测器、可变信息标志、闭路电视、气象检测仪，交通调查数据采集设备，隧道照明、风机、消防喷淋等的工作环境、状态和性能进行检查、检测和维护。

定期对收费系统的车道控制器、闭路电视、对讲系统、显示器、键盘、IC 卡发卡机、IC 卡读写器、票据打印机等收费车道亭内设备，以及电动栏杆机、费额显示器、摄像机、手动栏杆、电源线、雨棚信号灯、车道通信灯、雾灯、车辆检测器、不停车收费系统的路侧读写单元和天线控制器等设备进行检查、检测和维护。

定期对通信系统的光电缆传输线路、数字传输系统、数字程控交换机、IP 网络设备、紧急电话系统和无线通信系统进行检查、检测和维护。

定期对高速公路专用的供配电系统（包括高压配电装置、电力变压器、低压配电装

置、配电线路和照明设备等）进行检查、检测和维护。

认真做好高速公路机电系统的检查、检测和维护工作记录。高速公路机电系统各设备的检查、检测及维护的主要项目和周期符合相关规范要求。

（二）高速公路机电设施维护要求

保障系统运行正常，设备完好率达到95%以上。应加强对机电系统的检查和测试，及时掌握机电设施的运行情况，发现异常现象及时报告，尽快修复。

对于机电设施故障和缺陷，应根据设备损坏的程度和对系统的影响范围，及时进行维修。对于影响联网收费的故障，应即刻赶赴现场，组织维修。一般故障24 h之内修复。

对机电系统的设备运行性能状况进行检测、控制，对设备的运行指标进行统计、分析，有针对性地进行性能调整并录入养护管理系统中。

根据机电系统的运行需求，对系统进行升级、扩容。保障养护作业的安全管理，对维护人员进行安全操作和安全用电的培训和考核。雷雨季节应加强对接地装置和防雷装置的巡查，对接触不良、漏电流过大、发热、积尘过多等问题及时进行排除。

加强技术档案的管理，保证技术档案完整、准确，并安排专人负责管理。采用机电工程养护信息管理系统，安排维护计划，建立系统日常运行和维护日志，记录和统计报表。

竣工验收资料及时归档，宜采用数字化档案。所有软件、硬件的技术文档，包括系统运行手册、操作手册和维护手册；系统和设备台账，包括备品备件、易损易耗品等台账；系统和设备运行状态记录，包括测试、日常维护与维修、运行日志记录等资料，装订成册，由专人保管。定期对上述资料进行核对。测试仪器应经法定计量检定单位检定合格，在有效使用期内使用。

二、高速公路机电设施维护分类及具体介绍

（一）高速公路机电设施维护分类

高速公路机电的维护工作可分为小修保养、中修工程、大修工程、改建工程、专项工程等。

1.小修保养

小修保养是对机电设施按规定要求进行经常性的维护保养，并对部分机件的轻微损坏进行维修和调整。小修保养可分为常规保养、常规检查与测试、软件与数据维护、小修等内容。

（1）常规保养的主要工作内容

①检查或巡视各系统、设备的工作状态、显示参数以及记录其工作环境参数。

②室内外设备的保洁。

③金属构件的除锈、防腐以及联结件的紧固。

④人井、手井积水的排除。

⑤蓄电池的定期放电和保养。

⑥设备和系统的日常数据设置。

⑦各系统的数据备份。

⑧计算机和计算机网络系统的安全维护。

⑨机电系统中机械设备、部件的保养。

⑩机房及机房设备和设施的保养。

（2）常规检查与测试的主要工作内容

①机房环境的测试和调整。

②计算机系统和计算机网络参数与性能的测试和调整。

③数字传输设备与系统的测试和调整。

④通信线路的测试和调整。

⑤供电和接地设备的测试和调整。

⑥视频图像质量的评判和调整。

⑦高速公路交通检测设备的性能测试和校正。

⑧交通诱导显示设备的性能测试和调整。

⑨无线通信设备的测试和调整。

⑩各种计算机外设的测试和调整。

（3）软件与数据维护的主要工作内容

①系统软件维护：及时安装系统软件补丁程序或进行软件升级。

②用户数据维护：对各种数据和其他媒体记录进行维护和备份。

③对应用软件在运行中存在的缺陷、与实际运行要求不相适应的情况，以及不合理

的部分进行详尽的记录，提出应用软件的修改要求，完善系统。应用软件的维护主要有应用软件的修改、适应性维护、软件的优化等内容。

（4）小修的主要工作内容

①系统或设备的各种易耗品、易耗部件的定期或按时更换。

②已损部件的修理或更换。

③设备经测试达不到技术要求时的维护或更换。

④已损结构件、预埋件以及机柜机箱的修复。

⑤系统其他必要的维修。

小修应以系统正常运行为原则，小修过程不应中断系统的正常运行。对设备和系统的小修可采用定期轮修和发生故障重点检修的方法。

2.中修工程

中修工程主要包括对已损坏系统设备（部件）的更换和修复、应用软件的局部升级、系统局部扩容等工作内容。实施中修工程时，不应影响系统的正常运行和各项业务的正常开展。

影响系统正常运行的关键系统设备（部件）的更换和修复，可列入故障抢修。对于已达到使用年限的设备（或部件），应结合其性能、实际使用频度或时间进行修复或更换。

在监控、收费等系统的运行管理中，当提出局部的新（或改变现有）的功能和管理要求时，需要对应用软件进行升级。列入中修工程的应用软件的升级应不改变现有应用软件的系统结构和原有的应用软件整体功能。

3.大修工程

大修工程主要包括系统设备更换、子系统重建和系统局部扩容等工作内容。

（1）系统设备更换

在不改变原有系统结构和接口技术标准的情况下，更换部分设备、部件和软件（系统软件和应用软件）。

（2）子系统重建

应按相关技术标准和设计要求进行。

（3）系统局部扩容

通过系统局部扩容，提高现有系统的处理能力、通信能力和负荷能力，主要包括以下内容：

①增加计算机系统的终端、存储设备等外设。

②增加收费系统的车道设备。

③增加监控系统的外场设备。

④局部增加通信线缆、设备。

⑤在负荷能力之内，增加供电系统的配电回路。

⑥在负荷能力之内，增加照明系统的灯杆、灯具。

在大修工程中，应对工程涉及的内容进行详细设计，设计应充分考虑现有系统情况，充分利用现有系统的设备、软件和数据。系统设计应完整，与相互系统的关联应良好。

4.改建工程

改建工程的内容包括以下几项：

①机电设备的全面扩容。

②通信系统的改造。

③应用系统软件的全面升级。

④供电与照明系统的改造等。

在改建工程中，应对工程涉及的内容进行详细设计，设计应充分考虑现有系统情况，充分利用现有系统的设备、软件和数据。系统设计应完整，与相互系统的关联应良好。

5.专项工程

专项工程是在发生自然灾害时，或因其他特殊原因需要对机电系统进行修复或整修的工程，以确保高速公路机电系统迅速恢复正常、良好的技术状态，必要时应进行详细设计。

为保证机电系统的正常运行，各级管理和运行部门应制定各种情况下具体的系统和设备故障抢修与排除的预案。

机电系统中多个设施同时发生故障时，应根据设施在系统中的作用和对系统运行的影响大小，有序地进行故障抢修。

设计应充分考虑现有系统情况，充分利用现有系统的设备、软件和数据。系统设计应完整，与相互系统的关联应良好。

（二）小修保养主要项目和周期

应加强机电系统中各种设备小修保养中的常规保养、常规检查与测试工作。其维护的主要项目和周期应符合相关规定。

1.常规保养的主要项目和周期

常规保养的主要项目和周期见表7-1。

表7-1 常规保养的主要项目和周期

序号	项目	周期	备注
1	设备保洁与数据的备份	日	室内设备,包括收费车道亭内设备
2	收费亭外设备	周	保洁周期
3	监控系统外场设备	季	保洁周期
4	光电缆管道、支架,无线塔架	年	试通维修,人井、手井清扫、排水为半年
5	外场设备箱体、门架与灯架	年	除锈、油漆
6	低压电器装置(包括不间断电源)	年	可结合维修进行

2.常规检查的主要项目和周期

常规检查的主要项目和周期见表7-2。

表7-2 常规检查的主要项目和周期

序号	项目	周期	备注
1	设备的参数、功能与工作状态	日	检查或巡视工作状态与自检观察
2	通信设备总机自检	周	检查
3	闭路电视设备	周	具体见单项检查试验
4	通信线路与通信质量	月	试验
5	应用软件功能及收费、监控外场设备	月	检查
6	变压器与低压开关柜装置	月	观察
7	发电机、灯具、电力电容器和防雷装置	月	观察
8	备品、备件	月	检查
9	供配电线路	季	检查

3.常规测试的主要项目和周期

常规测试的主要项目和周期见表7-3。

表7-3 常规测试的主要项目和周期

序号	项目	周期	备注
1	系统目录和文件的维护	月	整理
2	通信设备工作电压与维护终端	月	测试
3	调制解调器发送电平和接收灵敏度	季	检测

续表

序号	项目	周期	备注
4	无线通信设备发射功率、接收灵敏度	季	检测
5	备品、备件	季	按规定进行必要的检测
6	传输设备通路特性与误码率	年	检测
7	光缆接头、全程衰耗、电缆绝缘电阻	年	检测
8	光端机发送功率、接收灵敏度、误码率	年	检测
9	车辆检测线圈电感量、绝缘电阻	年	检测
10	接地电阻	年	检测

（三）预防性维护

预防性维护包括经常性维护、周期性维护、重点设备的维护。经常性维护和周期性维护是高速公路机电系统预防性维护的基础工作。应根据机电系统的使用环境，加强机电系统的检查、检测，定期对系统进行保养和调整。应加强对使用时间较长的设备的检查，及时维修、及时保养。

主要设备和部件的使用年限见表7-4。

表7-4 主要设备和部件的使用年限

序号	设备或部件种类	年限	序号	设备或部件种类	年限
1	一般计算机终端	大于5年	10	通信电缆	大于15年
2	工控机	5年	11	数字交换机	大于10年
3	PC服务器	5年	12	数字传输设备	大于10年
4	计算机网络设备	大于8年	13	环形线圈检测器	8年
5	针式打印机打印头	按击打次数	14	LED可变信息标志、可变限速标志和指示灯	产品设计使用年限
6	图像监视器	按累计显示时间	15	电动栏杆的机械传动部件	按起落次数
7	摄像机	6年	16	车道收费计算机键盘	按按键次数
8	防护罩和云台	产品设计寿命	17	变压器绝缘物	20年
9	通信光缆	大于15年			

预防性维护要制定详细的维护计划，落实维护经费，并制定预防故障的措施。为做好预防性维护工作，保持机电系统正常进行，设备（软件）应有备品备份。无论机电系统预防性维护是由使用部门进行，还是由供货商进行，都应配备相应的管理人员。加强

技术培训，使操作人员和管理人员对系统有深入的了解，特别是在系统更新或升级后，需要及时进行培训。

交通监控系统的正常运行对交通事故率的降低、道路的畅通有着重要的作用，收费系统的运行状况会影响收费、结算、清分的准确性，通信系统、供电系统则直接影响着监控系统、收费系统的运行，供电与照明系统对安全和系统的运行有直接的影响。因此，必须重视高速公路机电系统的预防性维护，做好日常维护和周期性维护，减少故障率，确保机电系统的正常运行，不断提高高速公路的服务水平。

第三节　高速公路的绿化养护

一、高速公路绿化养护内容及要求

（一）高速公路绿化养护内容

高速公路绿化是绿化国土的重要组成部分，也是高速公路建设的组成部分。绿化的目的是稳固路基、保护路面、美化路容、改善环境、减小噪声、舒适旅行、诱导行车视线，绿化也是防沙、防雪、防水害的主要措施之一。

所有高速公路养护管理部门都应配备专职人员负责高速公路绿化工作，合理地利用高速公路两侧边坡、分隔带和沿线空地等一切可绿化的高速公路用地范围，种植乔木、灌木、草皮、花卉和营造小型园林等。

高速公路绿化按其栽植位置、作用和性质，主要划分为防护林带、风景林和美化沿线景观的小型园林、花圃、草坪等。进行高速公路绿化时应根据高速公路等级，对绿化的功能要求，所在区域的环境、气候条件，沿线地形、土质等情况，进行栽培设计，选择绿化植物种类，做好乔木与灌木、针叶与阔叶、常青与落叶、木本与草本花卉的结合，并结合沿线自然景观布设景点，以达到防护与观赏相结合的目的，改善高速公路绿化美化效果，丰富高速公路景观。

在山区，应发展具有防护效能的绿化工程，如防护林带、灌木、草皮护坡等，以储蓄水分，滞缓地表径流，减轻水土流失，起到固土防坍的作用。

在平原区，应配合农田水利建设和园林化的总体规划要求，一般可栽植2~3行防护林带，以减轻或消除风、沙、雪、水等危害；在平交路口、桥梁、立交、环岛及分隔带、服务设施区等地，应配植观赏灌木、矮林、花木或多年生宿根植物，以美化路容。

在草原区，应在线路两侧栽植以防风、防雪为主的防护林带，以阻挡风、雪侵蚀危害高速公路。

在风沙危害地区，应选择固沙、耐干旱、根系发达的树种，以营造高速公路防风、固沙林带为主。

在盐碱区，应选择耐盐碱、耐水湿的乔木、灌木树种，配植行数较多的林带，以降低地下水位，改善土的结构。

在旅游区，如通往名胜古迹、风景疗养区及重要港口、水库、机场等的高速公路，应以美化为主，营造风景林带，配植有观赏价值的果树、常绿树、灌木、花卉等，美化设施，营造常年有花、四季常青的优美舒适环境。

养护基层单位（高速公路段、道班等）的庭院应以方便生活、便于工作、利于生产的原则进行绿化；高速公路沿线的广场、分隔带、立交桥等附近空地以及停车场、休息区等地，应根据环境条件，借助自然山水、地形、地貌，设置绿篱、凉亭、池塘、花坛、草坪等，以更好地绿化、美化高速公路。

（二）高速公路绿化养护要求

高速公路绿化对保持景观效果、发挥生态效能、保障行车安全等具有重要作用。由于高速公路特定的环境条件，栽植的各种花草树木要实现正常生长，体现绿化效果，必须加强养护管理工作。否则不论选种、栽植多好，也达不到美化效果。因此，在高速公路绿化越来越受到重视的情况下，进一步重视和研究绿化养护的管理技术，进而建立一整套行之有效的措施，显得十分必要。

1.水分管理

目前，高速公路绿化带尤其是中央分隔带的绿化养护管理，由于战线长、数量多，又无自然喷灌系统设施，土壤持水量小，土质多为修建高速公路时遗留的杂质土，中央分隔带的花草树木所需水分主要靠人工补给。

在日常养护中，浇水次数多少，根据天气状况和旱情而定，以保证各种植物正常生长为原则。在自然降雨量少的情况下，特别容易出现旱情，必须掌握好生长期的浇水，即 4~10 月的浇水次数，休眠期的浇水，即 11 月上、中旬的封冻水，2 月中下旬至 3 月上旬的解冻水，每次灌水量水深 15~20 cm，如因坑小水量不足可连浇两次，不可水量过小，不能只浇表皮。

浇水应依次进行，以防漏浇。浇水必须适时，不能等旱情特严重时进行。在有条件的情况下，浇水后要适时松土除草，既减少土壤水分蒸发，又减少杂草与树木争水争肥，以利于保墒、通气和根系发达。院落、立交草坪应见干即浇，而中央分隔带的草皮一般随浇树时进行。

2.养分管理

在水分正常供应的情况下，要保证植物的正常生长发育，必须有相应的营养元素和养分物质的供应。中央分隔带树木数量多、战线长，若用农家肥，则用料量太大，最好施用叶面肥。院落、立交匝道、广场等面积集中，土质较好，施肥量及次数可相应减少。

基肥一般在深秋和初冬进行，此时树木从根茎以上均处于休眠期，而地下部分还处于高峰期，有利于根伤愈合，增加土壤孔隙度，有利于保墒。

施肥的季节应根据植物的生长特点决定，由于高速公路里程较长，施肥的次数一年两次为宜，最好与灌溉工作有机结合。施肥的时间一般在 4~6 月底前进行，不宜太晚，否则易引起树木抽条，不利于越冬。肥料成分应以氮、磷、钾为主，施肥后最好跟上浇水，以免肥效散失。

3.整形修剪

高速公路上行车速度快，空间封闭，必须确保绿化植物不会影响司机的行车安全，因此要及时对中央绿化带、边坡、立交等区域的绿化植物进行定期修剪。

花灌木在修剪时间上应注意，凡先开花后出叶的，如榆叶梅、紫荆等，应在春季开花后压缩修剪老枝，适当疏剪弱枝，以促发壮枝，有利于次年开花。对乔、灌木的修剪主要是为了提高成活率，培养树形，同时减少自然伤害。因此，应在树冠不影响美观的前提下适当重剪，其生长期修剪一般在 5~6 月份，休眠期修剪一般在 10~11 月份。但要注意，中央分隔带的刺柏、龙柏类由于生长相对比较缓慢，一般每年 10~11 月份修剪一次；黄杨每年在生长期和休眠期均要修剪。

立交区、院落、收费广场等树木的整形修剪，要本着"造型各异，美观大方"的原则，根据环境中的建筑物、地形地貌确定方法，还应保持原有设计图案形状，描绘出具有不同风格的园林艺术图案。修剪时尽可能添枝着色。

4.病虫害防治

由于高速公路绿化战线长、面积大、养护管理难度大,所以病虫害应以防为主,防治结合。要经常巡视,发现病虫害应及时防治,若不及时防治则会迅速蔓延。

在设计上注重绿地植物配置的合理性,注重混交,防止因配置不当而造成病虫害的发生。平时做好测报工作,做到早发现、早治疗。这样能收到事半功倍的效果。

预防性打药在每年的3月、10月各进行一次。喷药时间应在晴天、无风的早晨或下午进行;使用农药时要"巧、准、狠";不能长期使用某一种农药,要对症下药,不能盲目用药;农药的浓度要适度;喷药时要从叶上部和背部均匀喷洒,不得有遗漏。在实际工作中,要合理选用生物农药和化学农药,扬长避短,充分发挥农药的优越性;秋季在地面至1 m左右高的树干上涂刷一次细石灰浆,这样不仅可以防止菌染腐烂,还可以增加美观效果。

二、高速公路树木的栽植与管护

（一）高速公路树木的栽植

在高速公路上植树,要按规定,在高速公路路肩上不得植树。

在高速公路上植树,乔木及灌木的株行距一般要根据不同树种和冠帽大小来确定:速生乔木,株距4～5 m,行距3～4 m;冠大蔓生的株距8～10 m,行距以4～6 m为宜;灌木的株行距以1 m为宜,灌木球的株距以6～8 m为宜。

各类树木应以品字形交错栽植,同一树种的路段不宜过长。具体的栽植横断面可按规范选取。

行道树、防护林及风景林等,不宜全线（段）采用单一树种,要根据情况有计划地配置适宜树种,分段轮换栽植（每段至少1 km）。

栽植高速公路树木,应按高速公路绿化工程设计及任务大小,合理安排和组织劳力,做好整地、画线、定点、挖坑;及时选苗、起苗、运苗,在春、秋季适当时期进行栽植。

行道树和风景林一般用明坑栽植。属于无性繁殖的树种,可埋干栽植。

防护林的栽植,应按因地制宜、因害设防的原则进行。一般防洪、防雪林带应密植;

防风、防沙林带应留有适当的通风空隙；防护路基边坡的灌木丛、经济林，一般应密植或与乔木混栽。

选苗工作应考虑当地的土壤、气候条件，选择速生和经济价值较大的树种及健壮优良的树苗。树苗要发育正常，有良好的顶芽；根系发达，有较多的须根；苗茎、苗根没有虫害，且没有影响生长的机械损伤等。坑栽树木，挖坑坑径应比根幅大 5 cm 以上，坑深比根长大 5 cm 以上，以使苗根充分舒展。

移栽树木，应带原土栽植，土球直径一般为树木底径的 8～12 倍，尽量将土球削剪整齐，以保成活。

（二）高速公路树木的管护

高速公路树木的管护是绿化工作中的一项重要工作，也是实现高速公路绿化的成败关键。检验高速公路绿化的指标有三项：成活率、保存率和修剪管护状况。成活率是指栽植后发芽、长叶在一个生长季节以上的苗木占总栽植量的百分数；保存率是指成活两年以上树木占总栽植量的百分数；修剪管护状况是指修剪是否整齐美观，病虫害是否及时防治。

1.植物管护的一般方法

（1）植物灌溉

水是植物各种器官的重要组成部分，也是植物生长发育过程中必不可少的物质。依据园林植物在一年中各个物候期的需水特点、气候特点和土壤的含水量等情况，采用适宜的水源适时适量灌溉，是植物正常生长发育的重要保证措施。灌溉的主要内容包括：灌溉时期、灌溉量、灌溉次数、灌溉方式与方法以及灌溉用水。

①灌溉时期。

第一，早春季灌溉。随着气温的升高，植物进入萌芽期、展叶期、抽枝期（即新梢迅速生长期），此时北方一些地区干旱少雨多风，及时灌溉显得相当重要。早春季灌溉不但能补充土壤中水分的不足，使植物地上部分与地下部分的水分保持平衡，也能防止春寒及晚霜对树木造成的危害。

第二，夏季灌溉。夏季气温较高，植物生长处于旺盛时期，开花、花芽分化、结幼果都消耗大量的水分和养分，因此应结合植物生长阶段的特点及本地同期的降水量，决定是否进行灌溉。对于一些进行花芽分化的花灌木要适当控水，以抑制枝叶生长，从而保证花芽的质量。灌溉时间应选在清晨和傍晚，此时水温与地温相近，对根系生长活动影响小。

第三，秋季灌溉。随着气温的下降，植物的生长逐渐减慢，要控制浇水以促进植物组织生长充实和枝梢充分木质化，加强抗寒锻炼。但对于结果植物，在果实膨大时，要加强灌溉。

第四，冬季灌溉。我国北方地区冬季严寒多风，为了防止植物受冻害或因植物过度失水而枯梢，在入冬前，即土壤冻结前应进行适当灌溉（俗称灌"冻水"）。随着气温的下降，土壤中的水分结冰，放出潜热，从而使土壤温度、近地面的气温有所回升，植物的越冬能力也相应提高。灌溉时间应为中午前后。

另外，植株移植、定植后的灌溉与成活关系较大。因移植、定植后根系尚未与土壤充分接触，移植又使一部分根系受损，吸水力减弱，此时如不及时灌水，植株就会因干旱而生长受阻，甚至死亡。一般来说，在少雨季节移植后应间隔数日连灌2~3次水。但对大树、大苗的栽植应注意：不能灌水过多，否则新根未萌，老根吸水能力差，易导致烂根。

②灌溉量。

木本植物相对于草本植物较耐旱，灌溉量要小。植物生长旺盛期，如新梢迅速生长期、果实膨大期，灌水量应大些。质地轻的土壤如沙地，保水保肥性差，宜少量多次灌溉，以防止土壤中的营养物质随灌水流失而使土壤更加贫瘠。黏重的土壤，通气性和排水性不良，对根系的生长不利，灌水量要适当多些；盐碱地灌溉量每次不宜过多，以防返碱或返盐。

根据植物需水期的大气状况来确定灌溉量。春季干旱少雨时期，应加大灌溉量；夏季降雨集中时期，应少浇或不浇。掌握灌溉量大小的一个基本原则是保证植物根系集中分布层处于湿润状态，即根系分布范围内的土壤湿度达到田间最大持水量的70%左右。

③灌溉次数。

一、二年生草本花卉及球根花卉（如凤仙花、大花三色堇、郁金香、仙客来、马蹄莲等）容易干旱，灌溉次数应较宿根花卉和木本花卉（如万年青、大花君子兰、茉莉、变叶木等）为多。

北方地区露地栽培的花木，入冬土壤封冻前要浇一次透水，以防止冬寒及春旱，春夏季植物生长旺盛期，一般每月浇水2~3次，阴雨或雨量充沛的天气要少浇或不浇，秋季要减少浇水量，如遇天气干燥，则每月浇水1~2次。

疏松的土质如沙土，灌溉的次数应比黏重的土质多。晴天风大时应比阴天无风时多浇几次。原则是只要水分不足就要立即灌溉。

④灌溉方式与方法

一般根据植物的栽植方式来选择。灌溉的方式与方法多种多样，在园林绿地中常用的有以下几种：

第一，单株灌溉。对于露地栽植的单株乔、灌木，如行道树、庭荫树等，先开堰，利用橡胶管、水车或其他工具，对每株树木进行灌溉。灌水应使水面与堰埂相齐，待水慢慢渗下后，及时封堰与松土。

第二，漫灌。适用于在地势平坦的地方群植、林植的植物。这种灌溉方法耗水较多，容易造成土壤板结，注意灌水后及时松土保墒。

第三，沟灌。在列植的植物如绿篱等旁边开沟灌溉，使水沿沟底流动，浸润土壤，直至水分渗入周围土壤为止。

第四，喷灌。用移动喷灌装置或安装好的固定喷头对草坪、花坛等用人工或自动控制方式进行灌溉。这种灌溉方法基本不产生深层渗漏和地表径流，省水、省工、效率高，且能避免低温、高温、干热风对植物的危害，改善植物的绿化效果。

⑤灌溉用水。

以软水为宜，避免使用硬水。自来水、不含碱质的井水、河水、湖水、池塘水都可用来浇灌植物。在灌溉过程中，应注意灌溉用水的酸碱度对植物的生长是否适宜。北方地区的水质一般偏碱性，对于某些要求土壤中性偏酸或酸性的植物种类来说，容易出现缺铁现象。

（2）植物施肥

①施肥方式与方法。

第一，环状沟施肥法。在树冠外围稍远处挖 30～40 cm 宽环状沟，沟深视树龄、树势以及根系的分布深度而定，一般深 20～50 cm，将肥料均匀地施入沟内，覆土填平灌水。随树冠的扩大，环状沟每年外移，每年的扩展沟与上年沟之间不要留隔墙。此法多用于幼树施基肥。

第二，放射沟施肥法。以树干为中心，从距树干 60～80 cm 的地方开始，在树冠四周等距离地向外开挖 6～8 条由浅渐深的沟，沟宽 30～40 cm，沟长视树冠大小而定，一般沟长的 1/2 在冠内，1/2 在冠外，沟深一般为 20～50 cm，将充分腐熟的有机肥与表土混匀后施入沟中，封沟灌水。下次施肥时，调换位置开沟，开沟时要注意避免伤大根。

此法适用于中壮龄树木。

第三，穴施法。在有机肥不足的情况下，基肥以集中穴施最好，即在树冠投影外缘和树盘中，开挖深 40 cm、直径 50 cm 左右的穴，其数量视树木的大小、肥量而定，施肥入穴，填土平沟灌水。此法适用于中壮龄树木。

第四，全面撒施法。把肥料均匀地撒在树冠投影内外的地面上，再翻入土中。此法适用于群植、林植的乔、灌木及草本植物。

②施肥深度和范围。

施肥主要是为了满足植物根系对生长发育所需各种营养元素的吸收和利用。只有把肥料施在距根系集中分布层稍深、稍远的部位，才有利于根系向更深、更广的方向扩展，以便形成强大的根系，扩大吸收面积，提高吸收能力。因此，从某种角度来看，施肥深度和范围会对施肥效果产生影响。

施肥深度和范围要根据植物种类、年龄、土质、肥料性质等而定。木花卉、小灌木如茉莉、米兰、连翘、丁香、黄栌等和高大的乔木相比，施肥相对要浅，范围要小。幼树根系浅，分布范围小，一般施肥较中、壮龄树浅、范围小。沙地、坡地和多雨地区，养分易流失，宜在植物需要时深施基肥。

氮肥在土壤中的移动较强，浅施也可渗透到根系分布层，从而被树木吸收；钾肥的移动性较差，磷肥的移动性更差，因此应深施到根系分布最多处。由于磷在土壤中易被固定，为了充分发挥肥效，施过磷酸钙和骨粉时，应与厩肥、圈肥、人粪尿等混合均匀，堆积腐熟后作为基肥施用，效果更好。

③施肥量。

施肥量受植物的种类、土壤的状况、肥料的种类及各物候期需肥状况等影响。施肥量根据不同的植物种类及大小确定，喜肥的多施，如梓树、梧桐、牡丹等；耐瘠薄的可少施，如刺槐、悬铃木、山杏等。开花结果多的大树较开花结果少的小树多施；一般胸径 8～10 cm 的树木，每株施堆肥 25～50 kg 或浓粪尿 12～25 kg；10 cm 以上的树木，每株施浓粪尿 25～50 kg；花灌木可酌情减少。

（3）植物除草松土

除草松土一般同时进行。在植物的生长期内，一般要做到见草就除，除草即松土。

除草松土的次数要根据气候、植物种类、土壤等而定。如乔木、大灌木可两年一次，草本植物则一年多次。具体的除草松土时间可以安排在天气晴朗时或雨后，土壤不能过干和过湿，以获得最佳的除草保墒效果。

除草松土时应避免碰伤植物的树皮、顶梢等。生长在地表的浅根可适当削断。松土的深度和范围应视植物种类及植物当时根系的生长状况而定，一般树木范围在树冠投影半径的 1/2 以外至树冠投影外 1 m 以内的环状范围内，深度 6～10 cm；对于灌木、草本植物，深度可在 5 cm 左右。

（4）露地植物越冬

①覆盖法。在霜冻到来前，覆盖干草、落叶、草席、牛粪等，直至翌年春天晚霜过后去除。此法常用于两年生花卉、宿根花卉，以及可露地越冬的球根花卉和木本植物幼苗。

②灌水法。北方一些地区，在土壤冻结前，利用水热容量大的特点进行冬灌来提高地面的温度，保护植物不受冻害。

③培土法。结合灌冻水，在植物根茎处培土堆或壅埋、开沟覆土压埋植物的茎部来进行防寒，待春季萌芽前扒开培土即可，此法多用于花灌木、宿根花卉、藤本植物等。

（5）园林绿地养护管理措施

一月份，矮灌木配合冬剪，剪去病枯枝。

二月份，是草坪早春管理的月份，检查草坪萌芽返青情况。

三月份，全面检查草坪土壤的平整情况，如低洼处适当增添薄层土，铺平后浇水、镇压，对成片空秃或返青较差的部位及时补种。

随气温回升，一些害虫开始活动，要及时施药，做好对蚜虫、地老虎等害虫的防治；加施春肥，促进花蕾的形成和发育，对树木进行返青后的浇灌。

四月份，绿地进入复苏阶段，要防止踩踏。根据草坪高度，进行第一次剪草。本月份是防治害虫的关键时期，应密切注意并有针对性地施药、灭虫、浇水。

五月份，是植物旺盛生长期，要及时修剪并进行防旱浇水、苗木扶正。应对早春开花的灌木进行整形修剪。

六月份，地被进入夏季养护管理阶段，应注意对春花植物施花后肥。注意蚜虫和红蜘蛛等害虫的防治，及时打药灭虫，并做好防大风和防汛准备工作。

七月份，重点进行常规修剪，使用除草剂，对草坪的杂草进行剔除。继续防治蚜虫、红蜘蛛等植物病虫害。

八月份，草坪、地被、乔木管理同七月份。

九月份，草坪、地被、乔木管理同七月份，对秋花地被进行施肥。

十月份，提升草高度，对地被进行整理，去徒长枝、竖向枝。做好植物防寒越冬准备。

十一月份，施加冬肥，浇灌越冬水。对苗木进行整形修剪，清除杂草、落叶、枯枝，继续加强植物防寒越冬准备。

十二月份，养护管理同十一月份。

2.园林树木的修剪与整形

（1）园林树木修剪与整形的意义

狭义的修剪是指对树木的某些器官（如枝、叶、花、果等）加以疏除或短截，以达到调节生长、开花结实的目的；广义的修剪包括整形。所谓整形，是指用剪、锯、捆扎等手段，使树木长成栽培者所期望的特定形状。现习惯将二者统称为"整形修剪"。

①整形修剪意义。

第一，促进生长。剪去不需要的部分，使养分、水分集中供应留下枝芽，促使局部的生长，但修剪过重，则对整体又有削弱作用，这被称为"修剪的双重作用"。

第二，培养树形，调节矛盾。因园林艺术上的需要，将树整修成规则或不规则的特种形体。一些企业设施复杂，常与树木发生矛盾。例如上有架空线，下有管道、电缆等，有些树触挂电线，这就要靠修剪来解决。

第三，减少伤害。通过修剪可以剪去生长位置不当的密生枝、徒长枝及带有病虫的枝条，以保证树冠内部通风、透光，也可避免相互摩擦而造成的损伤。

第四，促使开花结果。对于观花、观果或结合花、果生产的花树种，可以通过修剪，调节营养生长与花芽分化，促使其提早开花结果，获得稳定的花果产品或改善观赏效果。

②整形修剪原则。

园林树木整形修剪受树木自身和周围环境等许多因素的制约，是一项理论与实践结合性很强的工作。整形修剪首先要"符合自然规律原则"，适应树木的自然树形及其分枝习性，还要符合"艺术原则"，使树木的姿态、形状符合园林景观的需要。

（2）园林树木修剪整形的方法及注意事项

①时期。

修剪分为休眠期修剪与生长期修剪。休眠期修剪应在树液流动前进行。除常绿树和不宜冬剪树木外，都应在休眠期内进行一次整形修剪。其中有伤流的树应避开伤流期。抗寒力差的，宜在早春修剪。易流胶的树种，如桃、槭等，不宜在生长季修剪。

②方法及注意事项。

第一，剥芽。在树木萌芽的生长初期，徒手剥去树干无用的芽叫"剥芽"（又叫"抹芽""摘芽")。剥芽时,应注意选留分布和方向合适的芽。对有用的芽进行保护,不可损伤。为了防止留下的芽受到意外的损伤,影响以后发枝,每枝条应多保留1~3个后备芽,待发芽后,再次选择疏剪。

第二,去蘖。除去主干或根部萌发的无用枝条叫"去蘖"。在蘖枝比较幼嫩时,可徒手去蘖。已经木质化的,则应用剪子剪或平铲铲除,但要防止撕裂树皮或是留枯桩。去蘖应尽早。

第三,疏枝。将枝条从基部剪去,就是"疏枝"。乔木疏枝,剪口应与着生枝干平齐,不留残桩;丛生灌木疏枝应与地面平齐。簇生枝及轮生枝需全部疏去者,应分次进行,即间隔先疏去其中的一部分,待伤口愈合后,再疏去其他的枝条,以免伤口过大影响树木生长。

第四,短截。截去枝条的先端的一部分或大部分,保留基部枝段的剪法叫"短截"。剪去的部分与保留的部分的比例,应根据不同需要而定,剪口的位置应选择在适合的芽上约 0.5 cm 处,空气干燥地区应适当长留,湿润地区可短留。剪口应成斜面并平齐光滑。选择的剪口芽一定要注意新发枝条适合的方式。剪口下第一芽发枝弱,而剪口下第二芽发枝强,以后芽发枝依次减弱。在树木生长时期,除去枝条先端嫩梢,称"摘心",也属于短截范围。

第五,锯截大枝。对于比较粗大的枝干,进行短截或疏枝时,多用锯进行,锯口应平齐,不劈不裂。在建筑及架空线附近,截除大枝时,应先用绳索,将被截大枝捆吊在其他生长牢固的枝干上,待截断后,慢慢松绳放下,以免砸伤行人。基部突然加粗的大枝,锯口不要与着生枝平齐,而应稍向外斜,以免锯口过大。较大的截口,应抹防腐剂保护,以防水分蒸发或病虫及腐朽滋生。

第六,抹头更新。对于一些无主轴的乔木,如柳、槐等,若发现其树冠已经衰老,病虫害严重,或因其他损伤已无发展前途,而主干仍很健壮,可将树冠自分枝点以上全部截除,使之重新发枝,这叫"抹头更新"。此方法不适用于萌发力弱的树种。

(3)园林树木修剪整形的时间

花灌木整形必须根据树木花芽分化类型或开花类别、观赏要求来进行。

春季在隔年生枝条上开花的灌木(分夏秋分化型),如梅花、樱花、迎春、海棠、丁香、榆叶梅等,其花芽在上年夏秋分化,经一定累积的低温期于今春开花。应在开花后 1~2 周内适度修剪。果树多在休眠期修剪。观花兼观果灌木,如枸骨应在休眠期轻剪。

夏秋在当年生枝条上开花的灌木,如紫薇、绣球、木槿、玫瑰、月季等。其花芽当年分化,当年开花,应于休眠期(花前)重剪,有利于促发枝条,促使当年花芽分化,并开好花。

(4) 树木整形的形式

①自然形修剪。自然形能体现园林的自然美。以树木分枝习性、自然生长形成的冠形为基础,进行的修剪叫自然形修剪。一般只对扰乱树形的枝条、病虫枝、枯枝、过密的枝做些修剪,适合松柏类树种。

②造型修剪。为了达到造园的某种特殊目的,不使树木按自然形态生长,而是人为地将树木修剪成各种特定的形态,称为造型修剪。修剪形式有悬挂式、棚架式、圆球式,剪成各种整齐的几何形体(正方形、球形、圆锥体等)或不规则的人工形体,如鸟、兽等动物造型。

(5) 松柏类植物的修剪整形

松柏类大多孤植于草坪,或用作行道树。而为使树干形成上下完整圆满的树体,对下部枝条一般不进行修剪,只对一些病虫枝、枯死枝以及影响树形的枝条进行修剪。对于主干明显,有中央领导枝的单轴分枝树木,修剪时应注意保护顶芽,防止偏顶而破坏冠形;如果作为灌木培养,在距离地面 30 cm 处去尖修剪。对自然铺地生长的沙地柏、鹿角松、爬地柏等采用匍匐式修剪方法。

3.树体的保护与修补

(1) 树体的保护与修补原则

树体的保护必须贯彻以"预防为主"和"治早、治小、治了"的原则,采取慎重的科学态度,对症下药,综合防治,以保证树木不受或少受病虫害。

(2) 树干伤口及树洞的处理

树干伤口多是碰撞、鼠害、虫咬造成的,多用塑料薄膜扎好伤口,以防风干,促进愈合。

一些古树干上会出现空洞,特别是古槐最为常见,树洞内藏污纳垢,不但影响树木生长发育,而且不利于观瞻和游人的安全。所以发现树木空洞,除有观赏价值外,一般应及时填补,时间最好在愈合组织迅速活动之前进行。填补树洞的方式主要是由麻刀灰砌补。先清除已腐朽的部分,并利用利刀刮净空洞的内壁,涂以防腐剂,太深的洞里面可以填砌砖石,但对腐朽严重的应改内钉木等,外抹麻刀灰,最外抹青灰或水泥。

(3) 大树的支撑保护

有些大树树姿奇特，枝干横生。但由于树冠生长不平衡，容易引起根部负荷不平衡，发生倾斜或倒伏的问题，因此对于生长不均衡的树木主干、延伸较长的枝杈，都应加设立支柱或在树干适当部位打桩，以防风折。

三、草皮的种植及管护

（一）草皮种植技术

草皮在高等级高速公路及城市道路绿化中应用较多，主要应用于路肩、边坡、路堤、分隔带、交通岛及沿线空地等。高速公路种植草皮能防尘固沙，防止水土流失，巩固路基，调节气候，吸附有害物质，达到绿化、美化、净化高速公路环境的效果，从而有助于提供安全、舒适、优美的行车环境。

1.草种选择

草种选择是种植草皮的关键。高速公路绿化草种的选择要因地制宜、宜路适草。一般来说，本地草种适应能力强，故应首选本地草种；如需从外地调用草种，则应尽量选用生态形式相同或相近的草种，但要先进行引种试验，待引种试验成功后再推广。

通常适合高速公路种植的草种应具有易繁殖、耐修剪、耐践踏、生长迅速、生长期较长、抗旱、抗热、耐寒、耐潮湿等特点。

2.种植技术

目前种植草皮的方法有三种，即播种法、播茎法和铺植法。

（1）播种法

草皮种子（或种子与细土混合均匀）采用撒播或条播，一般在春季或秋季进行。播种量可根据经验确定，如狗牙草每亩 0.5 kg，假俭草每亩 5~7 kg，结缕草每亩 6~7 kg。

（2）播茎法

凡匍匐茎发达的草种，如细叶结缕草、狗牙根等，可采用播茎，就是将草皮铲起、抖落或用水冲掉根部附土，分开根部，用剪刀剪成小段，每段至少具有一节，一般每小段长为 4~10 cm，将茎的小段均匀撒播，覆压 1 cm 厚的细土，稍予填压，及时喷水，以后每天早、晚各喷一次，待生根后，逐渐减少喷水。播茎一般在春季发芽开始时进行。

(3) 铺植法

铺植草皮在高速公路绿化中较为常见，主要有密铺、间铺、条铺、点铺，基本步骤是：掘起草皮，取一定宽度的木板放于草皮上，沿木板边缘切取草皮，厚度一般为 3～5 cm，同时，将草皮卷起捆扎好。运输草皮时，要用湿布覆盖草皮。按设计要求铺植草皮，草皮铺植完毕后，在草面上用木板或滚轴压紧压平，使草面与四周土面平，这样可使草皮与土壤密接，以防干旱，在铺植草皮前或铺植后应充分浇水。草皮的铺植一般在春、秋两季进行，雨季铺植最易成功。

（二）草坪的施工与管理

1.草坪整地

草坪整地的主要操作内容包括挖（刨）松土、整平、清理、施肥等，必要时还要换土。对于有特殊要求的草坪，如运动场草坪，还应设置地下排水设施。

（1）土壤准备

草坪植物根系分布的深度一般为 20～30 cm。如果土质良好，有时草根可以深入地下 1 m 以上，在这种条件下，地上部分自然表现良好。种植草坪的土壤，厚度不宜少于 40 cm，必须耕翻疏松，为草坪植物的生长创造良好的生活条件，并把影响草坪建植的岩石、碎砖瓦块等清除掉。

（2）施底肥

在土壤养分贫乏和酸碱度不适时，为提高土壤肥力，在种植前要施用底肥和土壤改良剂。底肥主要包括磷肥和钾肥，有时也包括其他中量和微量元素，最好使用优质有机肥料做基肥。

施肥量：每亩可施农家肥 2 500～3 000 kg，或麻渣 1 000～1 500 kg。如需施磷肥，可每亩施过磷酸钙 10～15 kg。无论是何种肥料，都应粉碎、撒匀或与土壤搅拌均匀，撒后翻入土中。

（3）防虫

为防治地下害虫，保护草根，可于施肥的同时，施以适量农药，必须注意撒施均匀，避免药粉成团块状，影响草坪植物成活。

（4）整平

完成以上工作以后，按设计标高将地面整平，并注意保持一定排水坡度（一般采用

0.3%～0.5%的坡度）。场地当中，千万不可出现坑洼之处，以免积水。最后用碾子轻轻碾压一遍。

体育场草坪对排水的要求更高，除应注意做好地表排水（坡度一般采用 0.3%～0.7%）外，还应设置地下排水系统。有些地段采用盲沟排水法。

整地质量好坏，是草坪建植成败的关键，要认真对待。

2. 草坪播种

大部分冷季型草能用种子建植法建坪。暖季型草坪草中，假俭草、野牛草和普通狗牙根等均可用种子建植法建植。种子建植法比其他繁殖方法快，缺点是杂草容易侵入，养护管理要求较高，形成草坪的时间比其他繁殖方法要长。

（1）播种时间

播种时间主要根据草种与气候条件来决定。播种草籽，自春季至秋季均可进行。冬季不过分寒冷地区，以早秋播种为最好，此时土温较气温高，根部发育好，耐寒力强，有利于过冬。以北京地区为例，夏末秋初（8月下旬至9月上旬）播种最适合，此时雨季刚过，土壤墒情较好，气温尚高，有利于草籽发芽，而且一般杂草都已发芽。可于播种前清除，以免和草坪竞争。草籽出芽后还有一段生长时间，次年开春就能迅速萌发盖满地面，增强了与野草的竞争能力，可以很快形成草坪，而其他时间都有些不易解决的问题。如春季，天气干旱，土壤湿度小，气温低，不利于草籽发芽，且和野草共生，管理非常费工；而雨季高温多雨，虽有利于草籽发芽，但遇暴风雨会冲刷草籽，造成出苗不匀的现象。如播种过晚（迟于9月中旬），因生长期太短，不利于越冬，影响来年的生长发育。由于各地气候条件不同，应因地制宜地选择本地区最适宜的播种时间。草坪在冬季越冬有困难的地区，只能采用春播。但春播苗多易直立生长，播种量应稍多些。

（2）播种量

播种所遵循的一般原则是保证足够量的种子发芽，每平方米出苗应在 10 000～20 000 株。影响种子播种量的因素有种子的发芽率、幼苗的活力、所播草坪草的生长习性、要求的建坪速度、种子价格、杂草竞争能力、潜在的病害和建坪后的栽培管理制度。一般草坪的播种量在 25～40 g/m^2，可以参考种子的说明书。

（3）播种

草坪草播种的要求是把大量的种子均匀地播撒于种床上，并把它们混入 6～10 mm 深的表土中。播得深或者没把它们混入土壤中都会导致出苗减少。如播得过深，幼苗在进行光合作用和从土壤中吸收营养元素之前，会因胚胎内储存的营养不能满足自身的营养需求而死亡。播得过浅，没有充分混合时种子会被地表径流冲走，或发芽后干枯。

表土疏松，播种后易于把种子混入土壤中，发芽出苗均匀一致。播种后，应对坪床进行滚压，以便使种子与土粒接触。如不进行滚压，应覆盖地面覆盖物，以减少水分损失，防止发生土壤和种子侵蚀。

播种的关键技术是把种子均匀地撒于坪床上，只要能达到均匀播种，用任何播种方法都可以。很多草坪是采用人工播种的方法建成的。但是，这要求播种者技术熟练。这种方法适宜小面积的播种。大面积播种时应用机械完成，这样质量才能得以保证，效率才能得以提高。

由于下落式播种机播种时受风及种子的影响小，而优于旋转式播种机，但效率低于旋转式播种机。大面积的播种最好使用大型播种机，不但效率高，播种质量高，还能实现播种、滚压一次完成。

（4）喷播

喷播是一种把草坪种子加入水流中进行喷射播种的方法。喷播机上安装有大功率、大出水量单嘴喷射系统，把预先混合的种子、黏结剂、覆盖材料、肥料、保湿剂、染色剂和水的浆状物，通过高压喷到土壤表面。施肥、覆盖与播种一次操作完成，特别适宜陡坡场地，如高速公路、堤坝等大面积草坪的建植。在该方法中，混合材料选择及其配比是保证播种质量效果的关键。喷播使种子留在表面，不能与土壤混合和进行滚压，因此通常需要在上面覆盖植物（秸秆或无纺布）才能获得满意的效果。当因气候干旱土壤水分蒸发太大、太快时，应及时喷水。

（5）植生带

草坪植生带是指把草坪草种子均匀固定在两层无纺布或纸布之间形成的草坪建植材料。有时为了适应不同的建植环境，还会加入不同的添加材料，如保水的纤维材料、保水剂等。生产植生带的材料为天然易降解有机材料，如棉纤维、木质纤维、纸等。植生带具有无须专门播种机械、铺植方便、适宜不同坡度地形、种子固定均匀、防止种子冲失、减少水分蒸发等优点，但费用会增加，小粒草坪种子（例如剪股颖种子）出苗困难，运输过程中可能引起种植脱离和移动，造成出苗不齐，种子播量固定，难以适应不同场合等。某些生产厂家为了降低成本、降低种子量，没有保证草坪草基本苗数，造成了草坪质地变粗、杂草增加等问题。

3.草坪营养体建植

用于建植草坪的营养繁殖方法包括铺草皮、直栽法、插枝条和匍茎法。除铺草皮外，以上方法仅在强匍匐茎和强根状茎生长习性的草坪繁殖建坪中使用。营养体建植与播种相比，主要优点是见效快。无论是种子建植还是无性建植，草坪草的健壮生长都要有良好的土壤通气条件、水分和矿物质。因此，无论采用何种建植方法都应细心准备坪床。

（1）铺草皮

铺草皮是最昂贵的建植草坪方法，它在一年中任何时间内都能生成"瞬时草坪"。新铺的草坪不能承受踏踩或娱乐活动，需要几周或几个月的时间重新扎根生长。

铺草皮时，要求坪床潮而不湿。如果过于干燥，特别是在高温下，即使铺后立即灌水，草坪草根系也会受到伤害。草皮应尽可能薄，以利于快速扎根。搬运草皮时要小心，不能把草皮撕裂或过分拉长。

铺设时应把所铺的草皮块调整好，使相邻草皮首尾相接，并轻轻压实，以便与土壤均匀接触。当把草皮铺在斜坡上时，要用木桩固定，等到草坪草充分生根，并能够固定草皮时再移走木桩。

在草皮之间和各暴露面之间的裂缝用过筛的土壤填紧，这样可以减少新铺草皮的脱水问题。填缝隙的土壤应不含杂草种子，这样可以把杂草减少到最低限度。

（2）直栽法

直栽法是种植草坪块的方法。最常用的直栽法是栽植正方形或圆形的草坪块。另一种直栽法是把草皮切成大小的草坪草束，按一定的间隔尺寸栽植。还有一种直栽法是采用在果领通气打孔过程中得到的多匍匐茎的草坪束（如狗牙根和匍匐剪股颖）来建植草坪。把这些草坪束撒在坪床上，经过滚压使草坪束与土壤紧密接触，使坪面平整。由于草坪束上的草坪草易于脱水，因而要经常保持坪床湿润，直到草坪草长出足够的根系为止。

（3）插枝条法

插枝条法不像直栽草块和铺草皮那样，草坪草枝条上不带土，因此它们在干、热条件下易于脱水。插枝条法主要用来建植有匍匐茎的暖季型草坪草，但也能用于匍匐剪股颖。通常，把枝条种在条沟中，相距 15～30 cm，深 5～7 cm。每根枝条要有 2～4 个节，栽植过程中，要在条沟中填土后使一部分枝条露出土壤表层。插入枝条后要立刻滚压和灌溉，以加速草坪草的恢复和生长。也可用上述直栽法中使用的机械来栽植枝条，它能够把枝条（而非草坪块）成束地送入机器的滑槽内，并且自动地种植在条沟中。有时也可直接把枝条放在土壤表面，然后用扁棍把枝条插入土壤中。

（4）匍茎法

匍茎法是指把无性繁殖材料（草坪草匍匐茎）均匀地撒在土壤表面，然后覆土和轻轻滚压的建坪方法。一般在撒匍匐茎之前应先喷水，使坪床土潮而不湿。接着用人工或机械把打碎的匍匐茎均匀地撒到坪床上，然后覆土，使草坪草匍匐茎部分覆盖，或者用圆盘犁轻轻耙过，使匍匐茎部分插入土中。轻轻滚压后立即喷水，保持湿润，直至匍匐茎扎根。

4.草坪速植的覆盖

覆盖是为了减少土壤和种子冲蚀，为种子发芽和幼苗生长提供一个更为有利的条件，而把外来物覆盖在坪床上的一种措施。在灌溉条件良好、有喷灌设施时，可以不进行覆盖，但在斜坡地上或依靠天然降水的场合必须铺覆盖物。

好的覆盖材料要具有以下几种功能：①使土壤和种子免受风和地表径流的侵蚀；②调节土壤表层温度变化，保护已发芽的种子和幼苗不受温度急剧变化的伤害；③减少土壤表层水分的蒸发，并提供土壤内或土壤表层较湿润的微环境；④缓冲来自降水和灌溉下降水水滴的能量，以减少土壤表层结壳，从而使之具有较高的渗透率；⑤夏季可起到遮阴作用，使表层土壤保持凉爽，在冬季覆盖可保温和减少冻融的影响。

并非所有的覆盖材料都具有上述各项功能，只是某些比另一些效果好而已。具体选择覆盖材料时，要根据地点的特定要求、费用和能否就地取材而定。常有人用草帘作为覆盖材料用在建植草坪上，覆盖快速方便，可连续使用两三次，但比秸秆价格高，透光率一般较低。另外，还应密切监测草坪草的出苗情况，如揭开草帘的时间晚了，柔弱的幼苗会被强的太阳光灼伤或被热风损伤。

在诸如陡坡和排水沟这些关键的地方可通过放置麻布网来稳固坪床。由麻制成的麻袋片效果也非常好，但为了避免使幼苗过分遮阴，在种子发芽后要把它们去掉。

在小型场地上，可用人工来铺秸秆和干草。在多风地区，可用绳网来稳固覆盖物。在大型场地上，通常要用专门的机械来完成铺覆盖材料的工作，这种机械可把覆盖材料剁碎并吹到坪床上。为了坪床上覆盖材料的稳固，在覆盖之后，还要把一种乳化沥青喷到覆盖材料上。对于松散的木质覆盖材料和有机残留物，也可采用上述同样的方法来进行固定。

5.草坪的植后管理

播种或栽植后，必要时应加覆盖材料，然后灌溉，使坪床充分湿透。除铺草皮法外，其他的无性建植法在灌水前应覆土，以防止草坪草脱水。同时频繁轻轻喷水，以防止草坪草干枯脱水，促进幼苗发育成长。在此期间应禁止践踏，等到草坪草完全覆盖地面成坪后才能够允许人员进入。

随着草坪草开始生长，为了确保草坪的正常生长发育，要加强包括修剪、施肥、灌溉、表层覆土和病虫、杂草的控制等管理措施。

（1）修剪

依据草坪的种类和计划管理强度，新枝条至少长到 2 cm 或更高时再开始修剪。修剪高度即留茬高度，每次修剪时，剪掉的部分不能超过草坪草茎叶自然高度的 1/3，这就是草坪修剪必须遵守的 1/3 原则。

（2）施肥

在某些情况下，为了使幼苗、枝条和匍匐茎能快速成坪，少量多次的施肥方法非常有效，也是非常重要的。每次施用少量的化肥，可确保氮素和其他营养物质的充分供应，又不会因施氮肥太多而直接损伤植株或者阻碍根的生长和侧枝的形成。对于出苗期草坪草，适宜的施用量大约是每亩 1.6 kg 速效氮肥或者每亩 3 kg 缓效氮肥。对于无性繁殖的草坪草，施用量可以高一些。第一次苗期施肥应在第一次剪草之前进行，它对补充幼苗根部表层土壤中的养分起重要作用。

（3）灌溉

对于刚播种或栽植的草坪，灌溉是一项重要的措施。无论降水是否充足，它都有利于种子和无性繁殖材料的扎根和发芽。水分供应不足是造成草坪建植失败的主要原因。随着新建草坪草的逐渐成长，灌溉次数应逐渐减少，强度也应逐渐加强。在建坪后期，土壤表层有时需要足够干燥，这样才能支撑住修剪、施肥等机具的重量。

随着灌溉次数的减少，土壤通气状况得到改善，当水分蒸发或排出时，空气进入土壤中。生长发育中和成熟的草坪植物根区都需要有较高的氧浓度，以便于呼吸。

（4）表层覆土

并非所有的新建草坪都需要覆土。这项措施主要是用来促进具匍匐茎的草坪草的生长。覆土有利于根的发育和促进由匍匐茎长出的地上枝条的生长。

地表覆土施用土壤的质地应与草坪土壤的质地相同。否则，土壤会形成一个妨碍根区内空气、水和营养物质运动的分层现象。

由于土壤沉实深度不同，常造成草坪表面不平整，对草坪的使用和修剪质量产生不利影响。不断地覆土具有填充凹坑的效果。操作时要仔细，避免土壤过分地把植物组织盖住，从而使它们因得不到充足的光线而受到损伤。

（5）病虫及杂草的控制

在新建植的草坪中，通常杂草是最大的问题。要确保草坪草种子、无性繁殖材料和覆盖材料中无杂草种子，这对建坪后杂草的控制是非常重要的。大部分除草剂对幼苗的毒性比对成熟草坪草的毒性大。某些除草剂能够抑制或减慢无性繁殖材料（包括草皮）的生长。因此，大部分除草剂要推迟到绝对必要时才能施用，以便留下充足的时间使草坪成坪。由于阔叶杂草幼苗期对除草剂比成熟的草敏感，使用正常量的一半就可以了。对于控制马唐草和其他夏季一年生杂草，施有机砷化物要推迟得更晚一些（第二次修剪之后），并且也要施用正常量的一半。在新铺的草坪中，必须施用苗前除草剂来防治在春季和夏季出现于草坪卷之间缝隙中的马唐草。但是，为了避免抑制根系的生长，要等到种植后3~4周才能施用。如果有恶性多年生杂草出现，但不成片，在这些地方就要尽快地用草甘膦点施。如果蔓延范围直径达到10~15 cm，就必须在这些地方重新播种。在亚热带气候下，用冷季型草坪草品种来覆播暖季型草坪草。

过于频繁地灌溉和太大的播种量会造成草坪群体密度太大，易引起病害。因而，控制灌溉次数和控制草坪群体密度可避免大部分苗期病害。在某些情况下，建议使用拌种处理过的种子。一般是用甲霜灵处理过的种子来控制枯萎病病害。当存在有利于诱发病害产生的条件时，可于草坪草萌发后施用农药来预防或抑制病害发生。

在新建草坪中，发生虫害的可能性不大。但是，蝼蛄常在幼苗期危害草坪。当这种昆虫处于活动期时，可把苗株连根拔起，或挖洞导致土壤干燥，甚至损毁草坪。蚂蚁的危害主要限于移走草坪种子，使蚁穴周围缺苗。常用的方法是播种后立即掩埋草种或撒毒饵驱赶。

参 考 文 献

[1] 陈开群.高速公路建设项目设计与施工管理[M].北京：中国商务出版社，2020.
[2] 冯美军.高速公路服务区运营管理理论与实践研究[M].北京：人民交通出版社，2019.
[3] 何永明，裴玉龙.超高速公路设计及运行特性研究[M].北京：科学出版社，2020.
[4] 霍伟.高速公路机电设备安装技术[M].长春：吉林科学技术出版社，2019.
[5] 霍伟.高速公路机电设备监控与可视化管理[M].长春：吉林科学技术出版社，2019.
[6] 贾伦林，狄小峰，徐立红.智慧高速公路关键技术与实践[M].北京：人民交通出版社，2020.
[7] 贾绍明，冯忠居，原驰.高速公路建设标准化理论与应用[M].北京：中国建筑工业出版社，2018.
[8] 李伯殿，卢勇，饶和根.高速公路智慧管理与控制关键技术[M].北京：人民交通出版社，2020.
[9] 李平，付立家，毛渝茸.高速公路应急预案体系与编制方法[M].重庆：重庆大学出版社，2020.
[10] 刘炳.高速公路建设管理理论及其应用研究[M].延吉：延边大学出版社，2019.
[11] 刘建蓓，汪双杰.高海拔高寒地区高速公路安全设计技术[M].上海：上海科学技术出版社，2019.
[12] 罗光莲.高速公路"服务区＋"理论与实践[M].北京：经济科学出版社，2020.
[13] 马德家，韩金毅.高速公路服务区经营公司预算管理探索[M].石家庄：河北科学技术出版社，2018.
[14] 苗满胜，智建成.高速公路经营企业内部控制规范[M].北京：人民交通出版社，2018.
[15] 任宝，孔德超，唐茗.高速公路养护与灾害防治[M].长春：吉林科学技术出版社，2020.
[16] 赛志毅.高速公路护栏改造关键技术与应用[M].北京：人民交通出版社，2018.

[17] 石琼,王海洋,巨荣云.高速公路服务区管理理论与实践[M].北京:人民交通出版社,2018.

[18] 苏杨珍.高速公路交通服务质量评价与优化[M].北京:人民交通出版社,2019.

[19] 汪双杰,陈建兵,王佐.高海拔高寒地区高速公路建设技术[M].上海:上海科学技术出版社,2019.

[20] 王树兴.高速公路隧道智能监控管理技术[M].重庆:重庆大学出版社,2019.

[21] 向银华,李巨才.高速公路建设与经济发展[M].北京:中国发展出版社,2019.

[22] 许振兴,张晓峰,宋延艳.高速公路房建工程施工技术指南[M].北京:中国建材工业出版社,2020.

[23] 严战友,崔冬艳,夏勇.山区高速公路施工安全与管理[M].成都:西南交通大学出版社,2018.

[24] 杨建勇.高速公路安全管理与执法[M].哈尔滨:东北林业大学出版社,2018.

[25] 姚宇,周兴顺.高速公路品质工程设计技术集成[M].南京:河海大学出版社,2020.

[26] 于冉,于忠祥,苏新国.高速公路临时用地复垦模式与技术[M].北京:中国农业出版社,2018.

[27] 张发雨.高速公路建设项目动态管理理论及其应用研究[M].长春:吉林大学出版社,2019.

[28] 张新宇.高速公路品质工程创建实践[M].北京:人民交通出版社,2018.

[29] 张秀惠.高速公路服务区品质提升与景区化模式研究[M].北京:人民交通出版社,2019.